Genau gelesen? – Romankenntnisse überprüfen

Bilder Zitaten zuordnen

M 1

1 Ordnen Sie die Bilder den Zitaten zu, indem Sie die Ziffern des Zitats zum entsprechenden Bild schreiben.

1 „Sie ist hunderteinundfünfzig Fuß hoch, im Innern hohl, man kann sie besteigen. Um den Kopf trägt sie eine Strahlenkrone. In der Rechten hält sie eine Fackel. Und das schönste ist, daß diese Fackel in der Nacht brennt und dennoch niemals ganz verbrennen kann. Denn sie ist nur elektrisch beleuchtet. Solche Kunststücke macht man in Amerika."

3 Die Osterbrote lagen verhüllt unter einer weißen Serviette, ein schneeiger Hügel neben dem saftigen Grün der Kräuter, dem dunklen Rot der Rüben und dem herben Gelb der Meerrettichwurzel.

5 „Menuchim, Mendels Sohn, wird gesund werden. Seinesgleichen wird es nicht viele geben in Israel. Der Schmerz wird ihn weise machen, die Häßlichkeit gütig, die Bitternis milde und die Krankheit stark. Seine Augen werden weit sein und tief, seine Ohren hell und voll Widerhall."

2 Jeden Tag hatte er hier Lieder gehört, lustige und traurige, langsame und hurtige, dunkle und helle. Aber niemals war ein Lied wie dieses hier gewesen. Es rann wie ein kleines Wässerchen und murmelte sachte, wurde groß wie das Meer und rauschte. Die ganze Welt höre ich jetzt, dachte Mendel.

4 Dann zogen sie ihn heraus, mit klopfenden Herzen, roten Wangen, in der freudigen und grausigen Erwartung, einen Toten zu halten. Aber Menuchim lebte. Er röchelte, spuckte das Wasser aus, die Würmer, das verschimmelte Brot, die Obstreste und lebte. Nichts geschah ihm.

6 [D]er Mann trat zuerst hervor, ein Mann in Uniform, ein Soldat mit dunkelblauer Mütze, gestiefelt und gespornt, das Metall blinkte und klingelte leise. Hinter ihm leuchtete ein gelber Schal auf, ein gelber Schal, ein gelber Schal. Eine Stimme erklang, die Stimme des Mädchens. Der Soldat wandte sich um, legte seinen Arm um ihre Schultern, jetzt öffnete sich der Schal [...].

7 Es war noch früh, als sie das Schiff erreichten. Man erlaubte ihnen, ein paar Blicke in die Speisesäle der ersten und zweiten Klasse zu werfen, ehe man sie ins Zwischendeck hineinschob.

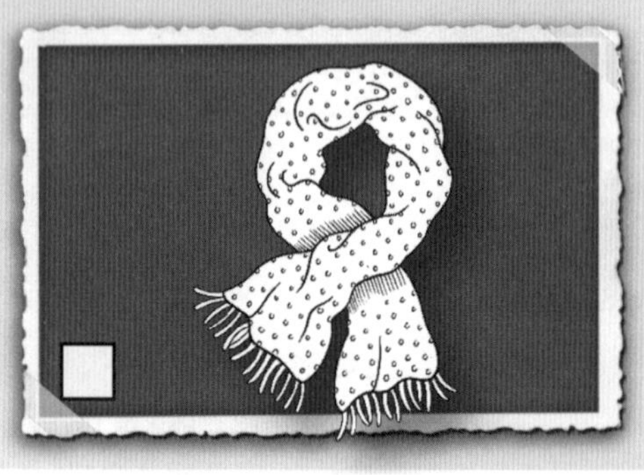

8 Es kamen Männer in Uniformen, sie erschienen Mendel ein wenig gefährlich, obwohl sie keine Säbel hatten. Einige trugen blütenweiße Gewänder und sahen halb wie Gendarmen aus und halb wie Engel. Das sind die Kosaken Amerikas, dachte Mendel Singer, und er betrachtete seine Tochter Mirjam.

2 Leiten Sie aus den Zitaten Themenbereiche des Romans bzw. Ereignisse der Handlung ab. Notieren Sie, welche wichtige Themenbereiche des Romans von den Zitaten nicht berührt werden.

Zitat 1: ______

Zitat 2: ______

Zitat 3: ______

Zitat 4: ______

Zitat 5: ______

Zitat 6: ______

Zitat 7: ______

Zitat 8: ______

Sonstige Themenbereiche:

______

______

______

______

______

______

Kapitelinhalte ordnen

M 2

Die Reihenfolge der einzelnen Kapitel ist durcheinander geraten. Ordnen Sie diese, indem Sie die korrekten Kapitelnummern vor den Kapitelinhalten notieren.

Erster Teil

	Familie Singer kommt ohne Jonas und Menuchim in New York an – erstes Treffen mit Sam nach dessen Flucht vor dem Militärdienst.
	Mendel reist nach Dubno, um die Auswanderung vorzubereiten.
	Schemarjah und Jonas werden gemustert und einberufen.
	Deborah organisiert die Auswanderung Schemarjahs.
	Schemarjah wandert illegal aus. Jonas fasst den Entschluss, zum Militär zu gehen.
	Menuchim wird geboren und weist eine Behinderung auf. Deborah reist zum Wunderrabbi, der die Genesung Menuchims prophezeit.
	Familie Singer bricht nach Amerika auf, während Menuchim bei Familie Billes in Zuchnow bleibt. Die Familie fährt mit dem Schiff nach New York.
	Die Beziehung zwischen Deborah und Mendel wird distanzierter. Die Geschwister quälen Menuchim und töten ihn beinahe.
	Mac überbringt Grüße von Sam. Mendel entschließt sich, nachdem er Mirjams Verhältnis zu Kosaken entdeckt hat, zur Auswanderung nach New York.

Zweiter Teil

	Jonas wird als verschollen gemeldet. Als Familie Singer die Nachricht erhält, dass Sam im Ersten Weltkrieg gefallen ist, stirbt Deborah.
	Mendel zieht zu Skowronnek und hört nach einiger Zeit erstmals „Menuchims Lied".
	Mendel wird von Menuchim in dessen Hotel gebracht. Mendel ist wieder zufrieden.
	Mendel begegnet Menuchim als Alexej Kossak wieder. Mendel findet zurück zu Gott.
	Der Erste Weltkrieg bricht aus. Macs Reise, mit der man Menuchim doch noch nachholen will, muss verworfen werden.
	Mendel trauert um Deborah. Als Mirjam wahnsinnig wird, wendet Mendel sich von Gott ab.
	Die Singers versuchen, sich in New York einzugewöhnen. Sam und Mac machen einen großen Gewinn. Mendel hofft, Menuchim nachholen zu können.

Die Romanfiguren

M3 Den Romanbeginn untersuchen

Joseph Roth: Hiob (Erzählbeginn)

Vor vielen Jahren lebte in Zuchow ein Mann namens Mendel Singer. Er war fromm, gottesfürchtig und gewöhnlich, ein ganz alltäglicher Jude. Er übte den schlichten Beruf eines Lehrers aus. In seinem Haus, das nur aus einer geräumigen Küche bestand, vermittelte er Kindern die Kenntnis der Bibel. Er lehrte mit ehrlichem Eifer und ohne aufsehenerregenden Erfolg. Hunderttausende vor ihm hatten wie er gelebt und unterrichtet.

[...] Singer schien wenig Zeit zu haben und lauter dringende Ziele. Gewiß war sein Leben ständig schwer und zuweilen sogar eine Plage. Eine Frau und drei Kinder mußte er kleiden und nähren. (Mit einem vierten ging sie schwanger.) Gott hatte seinen Lenden Fruchtbarkeit verliehen, seinem Herzen Gleichmut und seinen Händen Armut. Sie hatten kein Gold zu wägen und keine Banknoten zu zählen. Dennoch rann sein Leben stetig dahin, wie ein kleiner armer Bach zwischen kärglichen Ufern. Jeden Morgen dankte Mendel Gott für den Schlaf, für das Erwachen und den anbrechenden Tag. Wenn die Sonne unterging, betete er noch einmal. Wenn die ersten Sterne aufsprühten, betete er zum dritten Mal. Und bevor er sich schlafen legte, flüsterte er ein eiliges Gebet mit müden, aber eifrigen Lippen. Sein Schlaf war traumlos. Sein Gewissen war rein. Seine Seele war keusch. Er brauchte nichts zu bereuen, und nichts gab es, was er begehrt hätte. Er liebte sein Weib und ergötzte sich an ihrem Fleische. Mit gesundem Hunger verzehrte er schnell seine Mahlzeiten. Seine zwei kleinen Söhne, Jonas und Schemarjah, prügelte er wegen Ungehorsams. Aber das Jüngste, die Tochter Mirjam, liebkoste er häufig. Sie hatte sein schwarzes Haar und seine schwarzen, trägen und sanften Augen. Ihre Glieder waren zart, ihre Gelenke zerbrechlich. Eine junge Gazelle.

Zwölf sechsjährige Schüler unterrichtete er im Lesen und Memorieren der Bibel. Jeder von den zwölf brachte ihm an jedem Freitag zwanzig Kopeken. Sie waren Mendel Singers einzige Einnahmen. Dreißig Jahre war er erst alt. Aber seine Aussichten, mehr zu verdienen, waren gering, vielleicht überhaupt nicht vorhanden. Wurden die Schüler älter, kamen sie zu andern, weiseren Lehrern. Das Leben verteuerte sich von Jahr zu Jahr. Die Ernten wurden ärmer und ärmer. Die Karotten verringerten sich, die Eier wurden hohl, die Kartoffeln erfroren, die Suppen wässrig, die Karpfen schmal und die Hechte kurz, die Enten mager, die Gänse hart und die Hühner ein Nichts.

Unterricht im Cheder, der traditionellen Grundschule im Judentum Osteuropas für Jungen ab dem vierten Lebensjahr

Also klangen die Klagen Deborahs, der Frau Mendel Singers. Sie war ein Weib, manchmal ritt sie der Teufel. Sie schielte nach dem Besitz Wohlhabender und neidete Kaufleuten den Gewinn. Viel zu gering war Mendel Singer in ihren Augen. Die Kinder warf sie ihm vor, die Schwangerschaft, die Teuerung, die niedrigen Honorare und oft sogar das schlechte Wetter. Am Freitag scheuerte sie den Fußboden [...]. Ihr Mann kam nach Hause, in seidigem Schwarz, der Fußboden leuchtete ihm entgegen, gelb wie geschmolzene Sonne, sein Angesicht schimmerte weißer als gewöhnlich, schwärzer als an Wochentagen dunkelte auch sein Bart. Er setzte sich, sang ein Liedchen, dann schlürften die Eltern und die Kinder die heiße Suppe, lächelten den Tellern zu und sprachen kein Wort. Wärme erhob sich im Zimmer. Sie schwärmte aus den Töpfen, den Schüsseln, den Leibern. Die billigen Kerzen in den Leuchtern aus Alpaka hielten es nicht aus, sie begannen sich zu biegen. (S. 7–9)

Füllen Sie die Tabelle aus, indem Sie die Aussagen des Romanauszuges den entsprechenden Kategorien zuordnen.

Lebensumstände der Familie	
Mendel Singers Verhältnis zu Gott	
Gott	
Die Kinder von Mendel Singer	
Deborah	
Das Zusammenleben der Familie	

M4 Den Romanbeginn als Exposition deuten

Anfang ist, was selbst nicht notwendig auf ein anderes folgt, aus dem aber ein anderes natürlicherweise wird oder entsteht.

Aristoteles, Poetik

Bernhard Asmuth: Aufgaben und Gegenstände der Exposition

Aufgabe der Exposition ist es, die bevorstehende Bühnenhandlung, genauer gesagt, deren Verständnis seitens des Publikums, vorzubereiten. Der ihr vielfach gleichgesetzte erste Akt soll, so wünscht Corneille[1] [...], die Samenkörner oder, wie er auch sagt, das Fundament der Handlung enthalten [...]. In der Expositionsphase tritt die auktoriale Funktion der Figurenrede mehr als sonst zutage [...].

Die Gegenstände, die der Exposition hauptsächlich zugeschrieben werden, sind 1. die Vorgeschichte, 2. die Hauptpersonen einschließlich ihrer Interessen und ihrer Beziehungen zueinander.

Quelle: Bernhard Asmuth: Einführung in die Dramenanalyse. 7. Auflage, Verlag J. B. Metzler Stuttgart 2009, S. 103.

Anmerkung

1 Pierre Corneille, französischer Dramatiker (1606–1648)

1 Jeder Anfang ist nach Aristoteles eine Setzung. Ein Autor hat sich für diesen und eben nicht für einen anderen Anfang entschieden – und aus diesem Anfang wächst die Geschichte. Genau deswegen ist der Blick auf den Anfang einer Erzählung äußerst lohnenswert. Dabei ist es sinnvoll, den aus der Dramenanalyse stammenden Begriff der Exposition zu berücksichtigen.
Lesen Sie Bernhard Asmuths Hinweise zur Exposition und notieren Sie deren Funktionen im folgenden Notizfeld. Gehen Sie dabei auf die Metapher der Samenkörner ein.

Funktion der Exposition

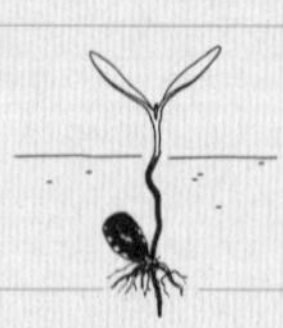

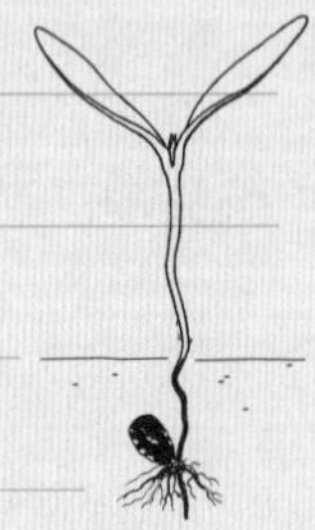

2 Erläutern Sie, inwiefern man den Anfang des Romans *Hiob* als epische Variante der Dramenexposition verstehen kann.

3 Mendel Singer stellt sich im Romanverlauf die Frage, wieso Gott dieses oder jenes zulässt. Inwiefern wird diese Frage nach der Gerechtigkeit Gottes bereits zu Beginn des Romans aufgeworfen?

Einen Lückentext zur Figur Mendel ergänzen M5

Mendel Singer

Mendel Singer stellt in Joseph Roths Roman *Hiob* den Prototypen des Ostjuden, oft auch abschätzig als „Kaftan-Jude" bezeichnet, dar. Während die „West-Juden" den Versuch unternahmen, sich an die Kultur der Länder, in denen sie lebten, anzupassen, teilweise sogar ihre Gebräuche aufgaben, um in der Gesellschaft aufzugehen, wird Mendel Singer vom Erzähler als ______________________________ (1) vorgestellt. Sein Äußeres entspricht den Vorurteilen, die manche westeuropäische Juden von Ostjuden hatten: schwarze Mütze, schwarzer Vollbart und ein ______________. (2) In seiner Tätigkeit als Melamed, also als Lehrer der Heiligen Schrift, und als gläubiger orthodoxer Jude ist sein Gebetsbuch ______________________________. (3)

Mendel kommt nicht nur in Bezug auf die russische Gesellschaft, in die er sich als nichtangepasster Jude eben nicht einfügt, eine Außenseiterrolle zu, sondern auch in Bezug auf die Schtetl-Gemeinschaft: Der Berufsstand des Melamed wird innerhalb der jüdischen Gemeinde wenig geachtet – die Vermittlung von Gottes Wort sollte eigentlich nicht bezahlt werden, aber aufgrund des Zeitaufwandes musste der Melamed im Regelfall doch Geld für seine Arbeit bekommen. Im Roman bringt der Erzähler diese Geringschätzung des Berufes klar zum Ausdruck: ______________________________ ______________________________ ______________________________. (4)

Die Distanz von Mendels Glaubenseifer zur heutigen Zeit ist deutlich feststellbar. Mendels Tagesablauf ist vom Rhythmus ritueller Aufgaben bestimmt. Im Gegensatz zu Deborah nimmt er die Position eines schicksalsgläubigen Juden ein. Zwar äußert er keine offene Kritik, aber wenn er den Kreislauf aus Geben und Nehmen Gottes aus dem Bibelbuch *Jiob* aufgreift und feststellt, dass Gott ______________________________ ______________________________, (5) wird deutlich, dass bereits am Anfang des Romans kein völlig harmonisches Verhältnis Mendels zu Gott besteht.

Mendel, Deborah und Menuchim in einer Theater-Adaption des Romans am Schauspielhaus Hamburg

Insbesondere wenn es um Mendel Singers Kinder geht, zeigt sich seine Schicksalsgläubigkeit. Aus Mendels Passivität resultieren die Ereignisse, die ihm und seiner Familie widerfahren und die er wiederum als gegeben hinnimmt. Ganz im Gegensatz zu Deborah handelt er zunächst nicht. Diese Art des Glaubens, durch die eine soziale Ausgrenzung noch verstärkt wird, und die schlechten Erfahrungen der Juden mit gesellschaftlicher Gewalt (Übergriffe und Pogrome) sowie staatlicher Schikane, lassen Mendel im Falle der Behandlung Menuchims und der Einberufung seiner Söhne auf Gott vertrauen.

Im Zuge einer von russischen Behörden vorgeschriebenen Impfung im Schtetl kommt ein russischer Arzt auch in Mendel Singers Haus. Unverzüglich fällt diesem Arzt auf, dass es sich bei Menuchim um einen Epileptiker handelt, dem er helfen könnte. Während Deborah zum Wohle ihres Sohnes bereit ist, Menuchim mitzugeben, weigert sich Mendel. Seiner Glaubensauslegung nach kann Menuchim ______________________________ gesund machen, ______________________________. (6) Seine Reaktion auf die Diagnose Epilepsie besteht darin, von Gott Hilfe zu erflehen und zweimal in der Woche zu fasten (vgl. S. 13).

Auch als Schemarjah und Jonas eingezogen werden sollen, ist es Deborah, die dafür sorgt, dass zumindest Schemarjah in die USA fliehen kann. Anstatt um Hilfe bei den Gemeindemitgliedern zu bitten, als Deborah und er die Nachricht von der Einberufung erhalten, nimmt Mendel diese als Strafe Gottes hin (vgl. S. 36). Hierin liegt auch ein Grund für das zusehends distanzierte Verhältnis zwischen Mendel und Deborah. Die sexuelle Seite der Beziehung ist bereits beendet: ____________________ ____ ______________ (7) Mit dem Ende der erotischen Anziehung zwischen den Eheleuten geht auch die geistig-seelische Distanzierung beider einher, die erst am Ende des Romans, lange nach Deborahs Tod, wieder aufgehoben wird. Später wird Mendel als Grund für das Leid der Familie das Erkalten der Beziehung in Betracht ziehen: ____________________ ____. (8)

Erst als Mendel entdeckt, dass sich Mirjam mit Kosaken einlässt, greift er aktiv in das Familienleben ein. Ironischerweise entsteht der Eindruck, dass dieser Eingriff die Auflösung der Familie nur noch beschleunigt. Auf ein Schreiben Sams hin, der im Zuge der Anpassung an die amerikanische Gesellschaft seinen jüdischen Namen Schemarjah nicht mehr verwendet, nutzt Mendel die Gelegenheit, durch Emigration seine Tochter von den Kosaken zu trennen. Dabei wird erneut deutlich, wie weltfremd Mendel durch seine Glaubensauslegung und soziale Abgeschiedenheit geworden ist: Sein Umgang mit den Behörden ist von Angst und Misstrauen geprägt (vgl. S. 71 und S. 75 ff.). Mit der Auswanderung wird Jonas eine Rückkehr zur Familie zunächst nahezu unmöglich gemacht und Menuchim wird zurückgelassen, da Behinderte nicht in die USA einwandern dürfen. Die Reaktion Mendels auf das Verhalten seiner Tochter mutet also befremdlich an, wenn man die harten Folgen für die Familie bedenkt.

Mendel ist nicht schuldlos schuldig geworden, seine Konzentration und Hoffnung auf ein gerechtes Jenseits haben ihn vielmehr seine Verantwortung im Diesseits vergessen lassen. Die besondere Ironie des Romans: Für Mendel beginnt das Unglück mit der Krankheit seines Sohnes Menuchims, der am Ende des Romans gesund zum Vater in die USA reist – die Heilung ist aber kein göttliches Wunder, sondern Resultat einer ärztlichen Behandlung in einem ____ ____. (9)

1 Ergänzen Sie die Ausführungen zu Mendel Singer mit den folgenden Zitaten und Verweisen aus dem Roman. Passen Sie die Zitate – falls nötig – in den Textzusammenhang ein.

„Seit diesem Tage hörte die Lust auf zwischen Mendel Singer und seiner Frau." (S. 24)
„Mendel Singers Kinder haben kein Glück! Sie sind eines Lehrers Kinder!" (S. 84)
„öffentliches medizinisches Institut" (S. 175)
„Gesund machen kann ihn kein Doktor, wenn Gott nicht will." (S. 12)
„Dem einen gibt Er und dem andern nimmt Er." (S. 38)
„Vielleicht war das unsere Sünde." (S. 133)
„fromm, gottesfürchtig und gewöhnlich" (S. 7)
„jüdischen Kaftan" (S. 7)
„in seinen Händen heimisch" (S. 65)

2 Entnehmen Sie dem Text wichtige Informationen zu Mendel Singer, indem Sie diese markieren und stichwortartig notieren.

Die Figur Deborah untersuchen

M6

Also klangen die Klagen Deborahs, der Frau Mendel Singers. Sie war ein Weib, manchmal ritt sie der Teufel. Sie schielte nach dem Besitz Wohlhabender und neidete Kaufleuten den Gewinn. (S. 8)

Weiß, geschwellt und kolossal entquoll ihre Brust der offenen Bluse und zog die Blicke der Knaben [Mendel Singers Schüler] übermächtig auf sich. Alle Anwesenden schien Deborah zu säugen. Ihre eigenen älteren drei Kinder umstanden sie, eifersüchtig und lüstern. (S. 10)

Sie pilgerte zum Friedhof durch Regen und Sonne. Sie schlug mit dem Kopf gegen die moosigen Sandsteine, die aus den Gebeinen ihrer Väter und Mütter wuchsen. Sie beschwor die Toten, deren stumme tröstende Antworten sie zu hören vermeinte. (S. 13)

Dann öffnete sie ihr Hemd vor dem Spiegel. Sie sah ihre schlaffen Brüste, hob sie hoch, ließ sie fallen, strich mit der Hand über den hohlen und dennoch gewölbten Leib, sah die blauen verzweigten Adern an ihren Schenkeln und beschloß, wieder ins Bett zu gehen. (S. 22 f.)

Sie zürnte ihrem Mann. Mendel Singer, was war er? Ein Lehrer, ein dummer Lehrer dummer Kinder. Sie hatte anderes im Sinn gehabt, als sie noch ein Mädchen gewesen war. (S. 29)

Sie vernachlässigte die älteren Kinder. Sie wandte sich von ihnen ab. Sie hatte nur einen Sohn, den einzigen Sohn: Menuchim. (S. 25)

Der Mensch muß sich zu helfen suchen, und Gott wird ihm helfen. So steht es geschrieben, Mendel! Immer weißt du die falschen Sätze auswendig. (S. 39)

Eine Wand aus kaltem Glas trennte sie von ihrem Mann. (S. 22)

Dann erhob sie sich, stieß ihn [Mendel Singer] mit dem Fuß wie einen Hund, daß er mit Gepolter hintorkelte, ergriff ihren braunen Schal, der wie ein Hügel aus Wolle auf dem Fußboden gelegen hatte, umwickelte Kopf und Hals, knüpfte die Fransen im Nacken zu einem starken Knoten, mit einer wütenden Bewegung, als wollte sie sich erwürgen, wurde rot im Gesicht, stand da, zischend und wie gefüllt von siedendem Wasser, und spuckte plötzlich aus, weißen Speichel feuerte sie wie ein giftiges Geschoß vor Mendel Singers Füße. (S. 36)

1 Leiten Sie aus den Zitaten Eigenschaften Deborahs ab und notieren Sie diese im Schaubild.

2 Lesen Sie den Infokasten zur Bedeutung von Namen in literarischen Werken. Deuten Sie vor diesem Hintergrund den Namen „Deborah" in Roths Roman.

info

Zur Bedeutung von Namen in literarischen Werken

Häufig lässt schon die Namensgebung auf bestimmte Eigenschaften einer Figur schließen. In Schillers Drama *Kabale und Liebe* beispielsweise deutet der Name „Wurm" bereits auf die Rolle des kriecherischen Intriganten hin, dessen Wirken zersetzend ist. Auch in Romanen gibt es sprechende Namen – teilweise sehr deutlich und teilweise verborgen. In Roths *Hiob* ergibt die Recherche zu dem Namen Deborah, dass dieser von dem hebräischen Wort für Biene abgeleitet ist und der Name einer Richterin und Prophetin in Israel war.

3 Schreiben Sie eine Kurzcharakterisierung der Figur Deborah auf der Grundlage Ihrer Vorarbeiten.

Die Figuren Mirjam und Deborah untersuchen

M 7

Der Dienst war zu Ende, die Kosaken begrüßten den Abend. Mirjam wiederholte summend den Text des Liedes, von dem sie nur die ersten zwei Verse kannte: ich habe dich liebgewonnen, deiner Schönheit wegen. Ihr galt das Lied der ganzen Sotnia[1]! Hundert Männer sangen ihr zu. Eine halbe Stunde später traf sie sich mit einem von ihnen oder auch mit zweien. Manchmal kamen drei.

Sie erblickte die Mutter, blieb ruhig stehen, wußte, daß Deborah herüberkommen würde. Seit Wochen wagte die Mutter nicht mehr, Mirjam zu rufen. Es war, als ginge von Mirjam selbst ein Teil des Schreckens aus, der die Kosaken umgab [...]. Deborah, in einem alten Schal, stand alt, häßlich, ängstlich vor der goldüberglänzten Mirjam, hielt ein am Rande des hölzernen Bürgersteigs, als befolgte sie ein altes Gesetz, das den häßlichen Müttern befahl, einen halben Werst tiefer zu stehen als die schönen Töchter.

„Der Vater ist bös, Mirjam!" sagte Deborah. „Laß ihn böse sein", erwiderte Mirjam, „deinen Mendel Singer." [...]

„Eine kupferne Stimme", dachte Deborah. Sie klang wie eine der gehaßten und gefürchteten Kirchenglocken. [...]

„Sag ihm [Mendel Singer] was du willst, es soll mich gar nichts angehn. In Amerika werde ich noch eher tun, was ich will. Weil du einen Mendel Singer geheiratet hast, muß ich nicht auch einen heiraten. Hast du denn einen bessern Mann für mich, was? Hast du eine Mitgift für deine Tochter?"

Mirjam erhob ihre Stimme nicht, auch ihre Fragen klangen nicht wie Fragen, es war, als spräche sie gleichgültige Dinge, als gäbe sie Auskunft über die Preise des Grünzeugs und der Eier. „Sie hat recht", dachte Deborah. „Hilf, guter Gott, sie hat recht."

Alle guten Geister rief Deborah zu Hilfe. Denn sie fühlte, daß sie ihrer Tochter recht geben mußte, sie selbst sprach aus ihrer Tochter. (S. 85–87)

Anmerkung

1 Eine militärische Einheit bei den Kosaken

1 Füllen Sie die Tabelle aus. Welche Eigenschaften werden Mirjam und welche Deborah zugeschrieben? Notieren Sie Stichpunkte und Zeilenangaben in der Tabelle.

Eigenschafts-zuschreibungen Mirjam	
Eigenschafts-zuschreibungen Deborah	

2 Komplettieren Sie das Schaubild, indem Sie die Bedeutung Mirjams für die Entwicklung der Handlung in Zuchnow und in New York darstellen. Berücksichtigen Sie dabei die Rolle, die die Kosaken bei der Emigration von Familie Singer spielen.

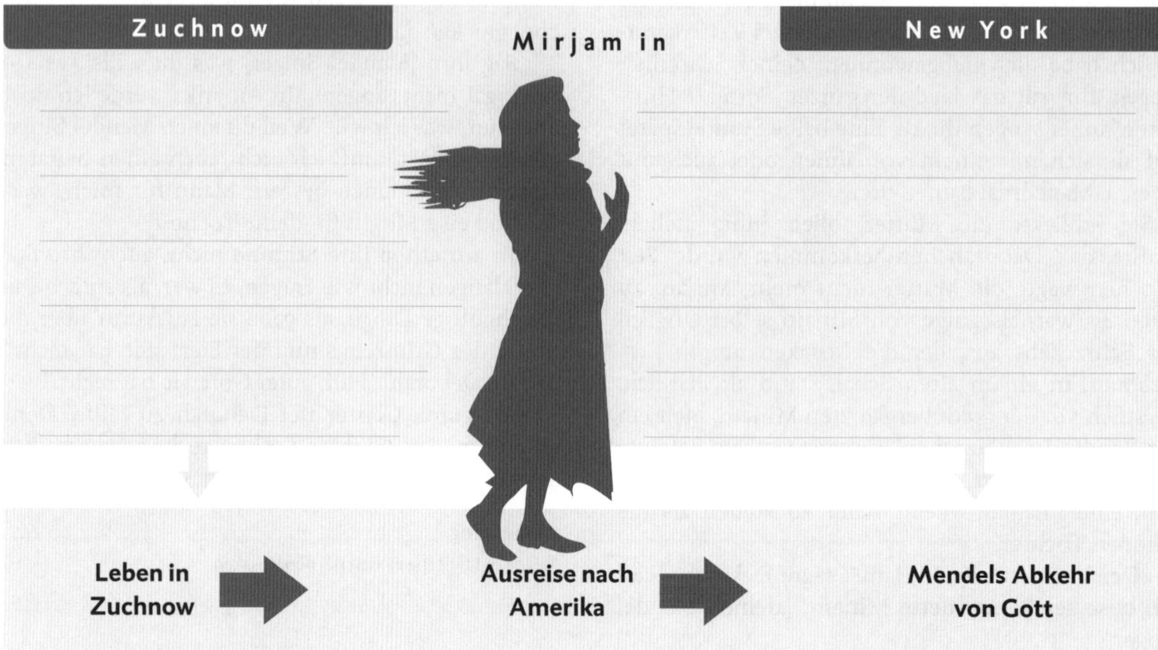

info

Kosaken im jüdischen Gedächtnis

Ursprünglich waren die Kosaken freie Reiterverbände, die teilweise aus entflohenen Leibeigenen bestanden. Im Laufe der russischen Geschichte wurden die Kosaken als freie Kavallerieverbände in die russische Armee miteinbezogen.

In der jüdischen Kultur sind insbesondere die Massaker in Erinnerung geblieben, die die antipolnischen Kosaken während eines Aufstand gegen die Adelsrepublik Polen-Litauen in den Jahren 1648/49 vor allem an Juden begangen haben. Unter der Führung des Hetmans Bohdan Chmelnyzkyj wurden Tausende von ukrainischen und polnischen Juden, die als Sündenböcke dienten, auf brutale Art und Weise getötet.

3 Erläutern Sie, was Mirjams Verhalten gegenüber den Kosaken über ihre Beziehung zur jüdischen Kultur aussagt.

4 Erläutern Sie, was der Romanausschnitt über Deborahs Beziehung zu Mendel aussagt.

Die Figuren Jonas und Schemarjah/Sam untersuchen M8

Schemarjah/Sam	Jonas

Ordnen Sie die Hinweise den Figuren Jonas und Schemarjah/Sam zu. Unterstreichen Sie Aspekte, die auf beide zutreffen. Nehmen Sie gegebenenfalls folgende Textstellen zu Hilfe: S. 19f., 29–35, 115–118, 124f.

- … Alkohol
- … Assimilation: passt sich der nicht jüdischen Kultur an
- … Bär
- … erfolgreicher Geschäftsmann
- … Erstgeborener
- … findet in Mac einen neuen Wenigdenker
- … finanziert Auswanderung
- … flieht vor Militärdienst
- … Fuchs
- … gibt Mirjam eine Anstellung
- … Hurerei
- … intelligent
- … ist Mendel fremd
- … kein Streit mit dem Bruder
- … liebt das Militär
- … liebt Pferde
- … möchte nicht selbst denken
- … möchte seinen Bruder wiedersehen
- … physisch stark
- … Sameschkin fragt sich, ob der Junge Mendels Sohn ist
- … schlichtes Wesen
- … sieht Amerika als Vaterland
- … stirbt im Ersten Weltkrieg
- … Verbleib ist ungewiss
- … will nur angeblich wie sein Vater sein
- … zieht für USA in den Krieg
- …

M 9 Die Figur Menuchim untersuchen

Menuchim ist in seiner Kindheit körperlich missgestaltet, intellektuell zurückgeblieben und bekommt immer wieder epileptische Anfälle. Er wird von den Geschwistern als Belastung empfunden. Sie versuchen sogar, ihn zu ertränken – dass er überlebt, ist für die Kinder ein Wink von „Gottes kleinem Finger“ (S. 21), aus Furcht lassen sie ihn anschließend in Ruhe. Nachdem Mendel eine Behandlung Menuchims in einem russischen Spital abgelehnt hat, reist Deborah zu einem Wunderrabbi, der ihr Folgendes prophezeit:

> „Menuchim, Mendels Sohn, wird gesund werden. Seinesgleichen wird es nicht viele geben in Israel. Der Schmerz wird ihn weise machen, die Häßlichkeit gütig, die Bitternis milde und die Krankheit stark. Seine Augen werden weit sein und tief, seine Ohren hell und voll Widerhall. Sein Mund wird schweigen, aber wenn er die Lippen auftun wird, werden sie Gutes künden. Hab keine Furcht und geh nach Haus!“ (S. 18)

1 Beschreiben Sie Menuchims Entwicklung im Handlungsverlauf des Romans im unten stehenden Schaubild. Recherchieren Sie auf S. 172 ff. (was nach der Auswanderung geschieht; der Abend bei den Skowronneks) und bei den Zitaten aus M 1/Aufg. 1.

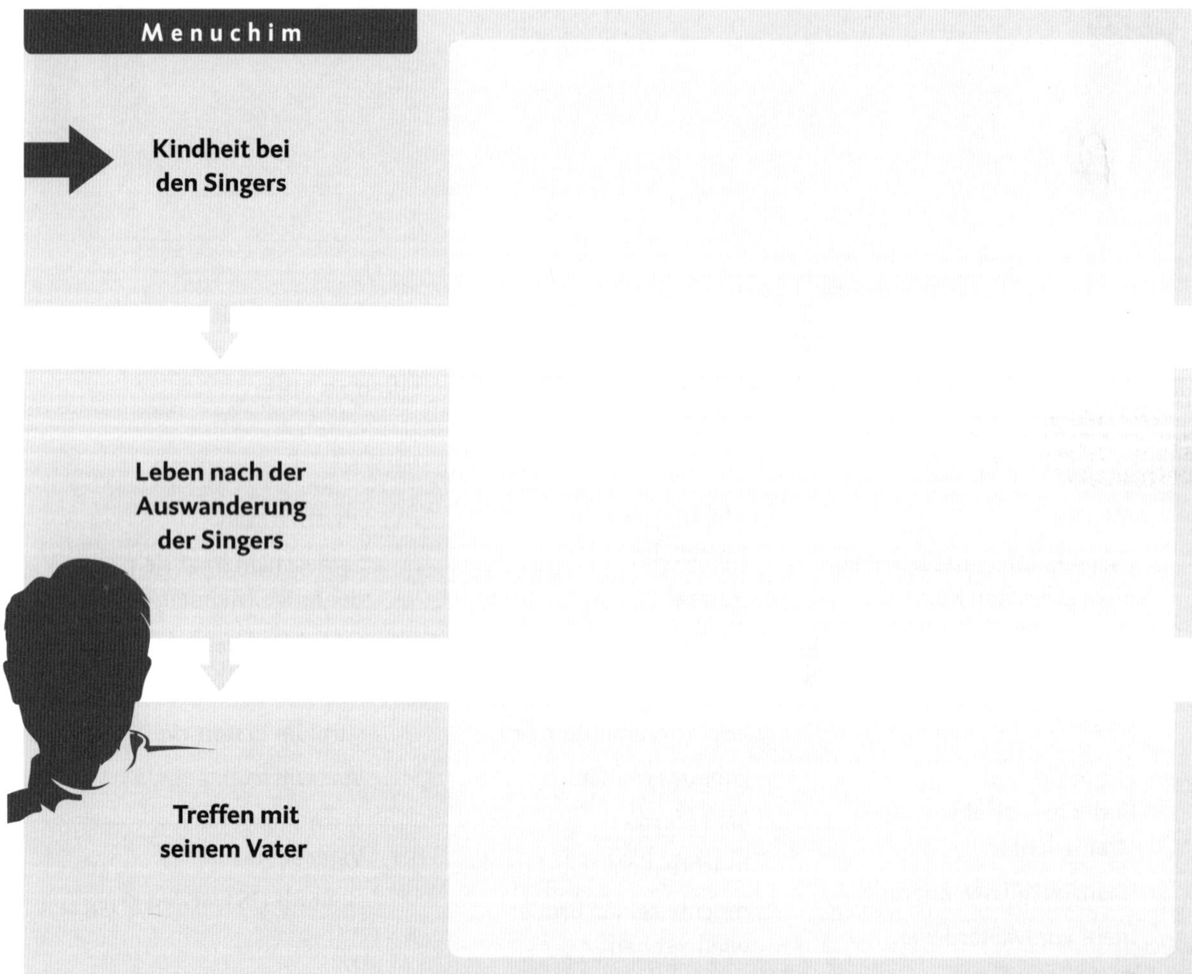

2 Kurz vor seiner Wiederbegegnung mit Menuchim, der inzwischen ein berühmter Komponist geworden ist, erhält Mendel einen Prospekt mit Menuchims Bild, ohne zu wissen, dass es sich um seinen Sohn handelt. Er kann den Blick nur schwer von der Fotografie abwenden:

Die Augen waren groß und hell. Sie blickten Mendel Singer geradeaus an, er konnte sich nicht mehr von ihnen befreien. Sie machten ihn fröhlich und leicht, so glaubte Mendel. Ihre Klugheit sah er leuchten. Alt waren sie und jung zugleich. Alles wußten sie, die Welt spiegelte sich in ihnen. Es war Mendel Singer, als ob er beim Anblick dieser Augen selbst jünger würde, ein Jüngling wurde er, gar nichts wußte er. Alles mußte er von diesen Augen erfahren. Er hat sie schon gesehn, geträumt, als kleiner Junge. Vor Jahren, als er anfing, die Bibel zu lernen, waren es die Augen der Propheten. Männer, zu denen Gott selbst gesprochen hat, haben diese Augen. Alles wissen sie, nichts verraten sie, das Licht ist in ihnen. (S. 167)

info

Leitmotiv

Leitmotive verweisen in der Literaturwissenschaft auf Zusammenhänge zurück bzw. voraus. Leitmotive können eine wörtlich oder ähnlich wiederkehrende Bild- oder Wortfolge mit gliedernder und verbindender Funktion sein. Durch das Leitmotiv des Auges deutet Joseph Roth bereits früh im Romanverlauf an, dass in Menuchim etwas steckt, was sich noch nicht ausdrücken kann.

In der Forschungsliteratur wird Menuchim als Erlöserfigur bezeichnet. Untersuchen Sie, inwiefern die sprachliche Ausgestaltung von Mendels Wahrnehmung der Augen Menuchims diese These stützt.

3 Markieren Sie in den folgenden Textauszügen Stellen, die die Auslegung stützen, dass Menuchim als Erlöserfigur verstanden werden kann. Verfassen Sie dann einen Text, in dem Sie unter Verwendung von Zitaten aus den Textauszügen diese Lesart begründen.

❶ [N]iemals war ein Lied wie dieses hier gewesen. Es rann wie ein kleines Wässerchen und murmelte sachte, wurde groß wie das Meer und rauschte. „Die ganze Welt höre ich jetzt“, dachte Mendel. Wie ist es möglich, daß die ganze Welt auf so einer kleinen Platte eingraviert ist? Als sich eine kleine, silberne Flöte einmischte und von nun an die samtenen Geigen nicht mehr verließ und wie ein getreuer, schmaler Saum umrandete, begann Mendel zum erstenmal seit langer Zeit zu weinen. (S. 156)

❷ Dennoch erschien Mendel seinen Freunden wie den Nachbarn in diesem Frühling verändert. Sie beobachteten manchmal, daß er ein Lied summte, und sie erhaschten ein sanftes Lächeln unter seinem weißen Bart.
„Er wird kindisch, er ist schon alt“, sagte Groschel.
„Er hat alles vergessen“, sagte Rottenberg.
„Es ist eine Freude vor dem Tod“, meinte Menkes.
Skowronnek, der ihn am besten kannte, schwieg. Nur einmal, an einem Abend, vor dem Schlafengehen, sagte er zu seiner Frau: „Seitdem die neuen Platten gekommen sind, ist unser Mendel ein anderer Mensch. Ich ertappe ihn manchmal, wie er selbst ein Grammophon aufzieht. Was meinst du dazu?“ (S. 158 f.)

❸ Denn der Zeitpunkt näherte sich, an dem man den roten Becher mit Wein füllte und die Tür öffnete, um den Propheten Eliahu einzulassen. Schon wartete das dunkelrote Glas, die sechs Lichter spiegelten sich in seiner Wölbung. Frau Skowronnek hob den Kopf und sah Mendel an. Er stand auf, schlurfte zur Tür und öffnete sie. Skowronnek sang nun die Einladung an den Propheten. Mendel wartete, bis sie zu Ende war. […] Dann schloß er die Tür, setzte sich wieder, […] und der Gesang ging weiter.
Kaum eine Minute, nachdem Mendel sich gesetzt hatte, klopfte es. Alle hörten das Klopfen, aber alle dachten, es sei eine Täuschung. (S. 170 f.)

❹ In diesem Angesicht war Mendel Singer alles fremd, nur die Augen hinter den randlosen Gläsern waren ihm nahe. Zu ihnen schweifte immer wieder sein Blick wie in einer Heimkehr zu vertrauten, hinter Fenstern verborgenen Lichtern, aus der fremden Landschaft des schmalen, blassen und jugendlichen Gesichts. (S. 172)

❻ Der Fremde sieht Mendel ruhig an und sagt: „Menuchim lebt, er ist gesund, es geht ihm sogar gut!"
Mendel faltet die Hände, er hebt sie, so hoch er kann, dem Plafond entgegen. Er möchte aufstehn. Er hat das Gefühl, daß er jetzt aufstehn müßte, gerade werden, wachsen, groß und größer werden, über das Haus hinauf und mit den Händen den Himmel berühren. Er kann die gefalteten Hände nicht mehr lösen. (S. 179)

❺ „Menuchim lebt!"
Es klingt nicht wie eine Antwort, es klingt wie ein Ruf. Unmittelbar darauf bricht ein Lachen aus Mendel Singers Brust. (S. 178)

❼ Mendel sinkt vor dem sitzenden Menuchim nieder, er sucht mit unruhigem Mund und wehendem Bart die Hände seines Sohnes, seine Lippen küssen, wo sie hintreffen, die Knie, die Schenkel, die Weste Menuchims. Mendel steht wieder auf, hebt die Hände und beginnt, als wäre er plötzlich blind geworden, mit heftigen Fingern das Gesicht seines Sohnes abzutasten. Die stumpfen, alten Finger huschen über die Haare Menuchims, die glatte, breite Stirn, die kalten Gläser der Brille, die schmalen, geschlossenen Lippen. Menuchim sitzt ruhig und rührt sich nicht.
(S. 179 f.)

❽ Menkes, der Bedächtigste von allen, nahm das Wort. „Mendel", sagte er, „wir sind gekommen, dich in deinem Glück zu sehn, wie wir dich im Unglück gesehn haben. Erinnerst du dich, wie du geschlagen warst? Wir trösteten dich, aber wir wußten, daß es umsonst war. Nun erlebst du ein Wunder am lebendigen Leibe. Wie wir damals mit dir traurig waren, so sind wir heute mit dir fröhlich. Groß sind die Wunder, die der Ewige vollbringt, heute noch, wie vor einigen tausend Jahren. Gelobt sei Sein Name!" (S. 181)

❾ Er stieg in den Lift und sah sich im Spiegel neben seinem Sohn, er schloß die Augen, denn er fühlte sich schwindlig werden. Er war schon gestorben, er schwebte in den Himmel, es nahm kein Ende. Der Sohn faßte ihn bei der Hand, der Lift hielt, Mendel ging auf einem lautlosen Teppich durch einen langen Korridor. Er öffnete erst die Augen, als er im Zimmer stand. (S. 182 f.)

❿ Da sagte der Sohn: „Nächste Woche fahre ich nach San Franzisko. Auf der Rückkehr spielen wir noch zehn Tage in Chikago. Ich denke, Vater, daß wir in vier Wochen nach Europa fahren können!"
„Mirjam?"
„Heute noch werde ich sie sehen, mit Ärzten sprechen. Alles wird gut werden, Vater. Vielleicht nehmen wir sie mit. Vielleicht wird sie in Europa gesund!" (S. 187)

4 Nehmen Sie Stellung zu der Frage, inwiefern sich die Prophezeiung des Rabbis erfüllt hat.

Ergebnisse zur Figurenkonstellation zusammenfassen **M10**

Der Roman ist in zwei Teile aufgeteilt: das Leben der Familie vor und nach der Auswanderung, die nicht alle Familienmitglieder mitmachen. Charakterisieren Sie im Schaubild kurz die einzelnen Figuren und stellen Sie mithilfe von Pfeilen die Beziehungen der Figuren zueinander dar.

Vor der Auswanderung

Nach der Auswanderung

Jonas

Schemarjah

Deborah

Mendel Singer

Menuchim

Mirjam

Erzählerische und sprachliche Gestaltung

Merkmale von Erzählsituationen erarbeiten

M11

Obwohl die Literaturwissenschaft durchaus funktionalere Modelle zur Untersuchung der Erzähler-Instanz aufweist, hat sich das Modell von Franz Karl Stanzel in der Schule durchgesetzt.
Matias Martinez und Michael Scheffel fassen das typologische Modell Stanzels unter Einfügung von Zitaten aus dessen Arbeit wie folgt zusammen:

Die auktoriale Erzählsituation,
die sich durch „die Anwesenheit eines persönlichen, sich in Einmengung und Kommentaren zum Erzählten kundgebenden Erzählers“ auszeichnet. „Wesentlich für den auktorialen Erzähler ist, daß er als Mittelsmann der Geschichte einen Platz sozusagen an der Schwelle zwischen der fiktiven Welt des Romans und der Wirklichkeit des Autors und des Lesers einnimmt. Die der auktorialen Erzählsituation entsprechende Grundform des Erzählens ist die berichtende Erzählweise. Die szenische Darstellung, von der auch in einem Roman mit vorherrschend auktorialer Erzählsituation ausgiebiger Gebrauch gemacht werden kann, ordnet sich [...] der berichtenden Erzählweise unter.“

Tipp: Als Leser bekommt man den Eindruck, dass es eine Erzählerfigur gibt, die einem die Geschichte erzählt, aber nicht zu den Figuren des Romans gehört. Durch diese Außenperspektive entsteht der Eindruck der Allwissenheit. Außenperspektive heißt aber nicht, dass ein auktorialer Erzähler nicht eine Innenperspektive einer Figur vermitteln kann.

Die Ich-Erzählsituation,
in der der Erzähler eindeutig zur Welt der Figuren gehört. „Er selbst hat das Geschehen erlebt, miterlebt oder beobachtet, oder unmittelbar von den eigentlichen Akteuren des Geschehens in Erfahrung gebracht. Auch hier herrscht die berichtende Erzählweise vor, der sich szenische Darstellung unterordnet.“

Tipp: Erzähler und Figuren agieren im gleichen Seinsbereich. Hier ist die Innenperspektive an die Sichtweise der Erzählerfigur gebunden.

Die personale Erzählsituation,
bei der der Erzähler auf Einmischungen und Kommentare verzichtet. Für den Leser entsteht hier „die Illusion, er befände sich selbst auf dem Schauplatz des Geschehens oder er betrachte die dargestellte Welt mit den Augen einer Romanfigur, die jedoch nicht erzählt, sondern in deren Bewußtsein sich das Geschehen gleichsam spiegelt. Damit wird diese Romanfigur zur *persona,* zur Rollenmaske, die der Leser anlegt.“

Tipp: Hier verwendet der Erzähler eine „Reflektorfigur“; durch die Distanz der Er-Erzählsituation wird deutlich, dass die Seinsbereiche von Erzähler und Figuren nicht identisch sind. Oft kommt erlebte Rede zum Einsatz.

Aus: Matias Martinez/Michael Scheffel: Einführung in die Erzähltheorie. München: C. H. Beck [7]2007, S. 90.

info

Wechsel von Erzählsituationen

Ein weit verbreiteter Irrtum ist es, davon auszugehen, dass sich die Erzählsituation in einem Roman nicht ändern kann. Die von Stanzel dargelegten Erzählsituationen bieten für Autoren viel Potenzial zur Ausgestaltung. So bedarf es immer einer eingehenden Untersuchung, um festzustellen, welche Besonderheiten die jeweilige Erzählsituation aufweist. Übergänge, Mischformen und Abwandlungen einzelner Haltungen kommen immer wieder vor.

Erzählhaltung: Der jeweilige Erzähler kann die fiktionale Welt mit unterschiedlichen Haltungen vermitteln. So kann er beispielsweise ironisch, sachlich, humorvoll, kritisch etc. erzählen.

Rede- und Gedankenwiedergabe: Der Erzähler kann Rede und Gedanken in folgender Weise wiedergeben: Bewusstseinsbericht, direkte Rede, indirekte Rede, erlebte Rede, innerer Monolog. Dabei geht mit der Art der Redewiedergabe auch eine Funktion einher. Beispielsweise wirkt direkte Rede unmittelbarer als indirekte Rede. Mit der Wahl der Wiedergabeform steigt bzw. sinkt also auch die Wahrnehmung einer Erzählinstanz.

Erzählformen: Der Erzähler kann auf unterschiedliche Weise erzählen, er kann berichten, beschreiben, szenisch darstellen (oft unter Verwendung erlebter Rede) und kommentieren. Des Weiteren zählt zu den Erzählformen die Unterscheidung zwischen Ich- und Er/Sie-Erzählung. Der Ich-Erzähler tritt ausdrücklich als Erzähler in Erscheinung und verwendet dazu das Personalpronomen 1. Pers. Singular. In der Ich-Erzählung unterscheidet man zudem zwischen *erlebendem* und *erzählendem Ich* als zwei Erscheinungsformen derselben Person. Das erzählende Ich meint das „Ich", das die Geschichte erzählt. Das erlebende Ich bezeichnet das „Ich", das in der Geschichte vorkommt.

Vervollständigen Sie den Typenkreis der Erzählsituationen, indem Sie aus den Informationstexten Schlüsselwörter in die entsprechenden Felder eintragen.

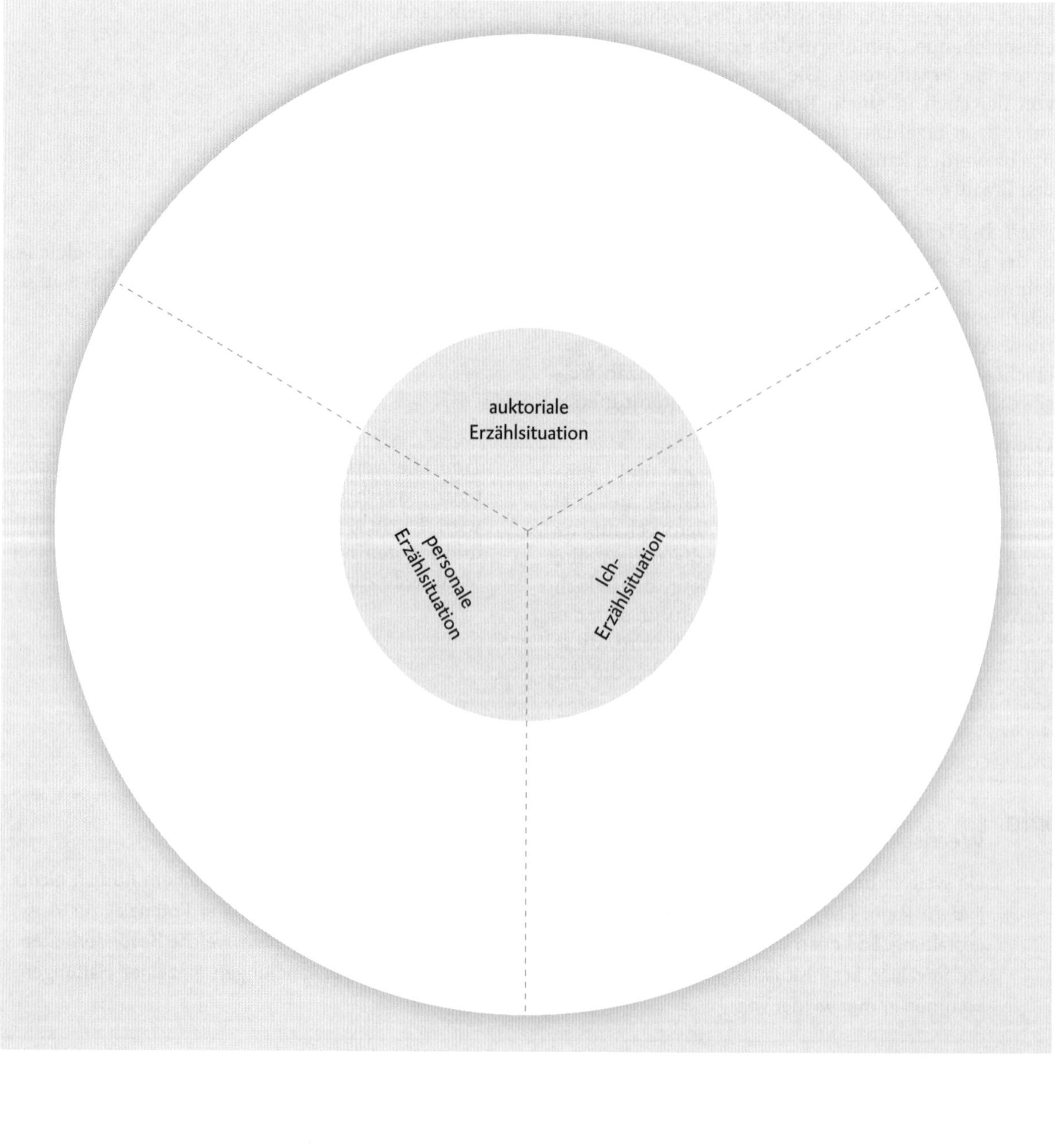

Erzählsituation und Erzählhaltung in einem Textauszug untersuchen

M12

Beim vorliegenden Textauszug handelt es sich um das Ende des IX. und den Beginn des X. Kapitels: Mendel ist mit seiner Familie in New York angekommen und ist bei seiner ersten Autofahrt durch New York in Ohnmacht gefallen. Er kommt gerade wieder zu sich:

Textstelle	Randnotizen
Auszug 1 Was gehen mich diese Leute an? dachte Mendel. Was geht mich ganz Amerika an? Mein Sohn, meine Frau, meine Tochter, dieser Mac? Bin ich noch Mendel Singer? Ist das noch meine Familie? Bin ich noch Mendel Singer? Wo ist mein Sohn Menuchim? Es war ihm, als wäre er aus sich selbst herausgestoßen worden, von sich selbst getrennt würde er fortan leben müssen. Es war ihm, als hätte er sich selbst in Zuchnow zurückgelassen, in der Nähe Menuchims. Und während es um seine Lippen lächelte und während es seinen Kopf schüttelte, begann sein Herz langsam zu vereisen, es pochte wie ein metallener Schlegel gegen kaltes Glas. Schon war er einsam, Mendel Singer: schon war er in Amerika ... (S. 104) **Auszug 2** Ein paar hundert Jahre früher war ein Ahne Mendel Singers wahrscheinlich aus Spanien nach Wolhynien gekommen. Er hatte ein glücklicheres, ein gewöhnlicheres, jedenfalls ein weniger beachtetes Schicksal als sein Nachfahre, und wir wissen infolgedessen nicht, ob er viele Jahre oder wenige gebraucht hat, um in dem fremden Land heimisch zu werden. Von Mendel Singer wissen wir, daß er nach einigen Monaten in New York zu Hause war. Ja, er war beinahe heimisch in Amerika! Er wußte bereits, daß old chap auf amerikanisch Vater hieß und old fool Mutter, oder umgekehrt. Er kannte ein paar Geschäftsleute aus der Bowery, mit denen sein Sohn verkehrte, die Essex Street, in der er wohnte, und die Houston Street, in der das Kaufhaus seines Sohnes lag, seines Sohnes Sam. Er wußte, daß Sam bereits ein American boy war, daß man good bye sagte, how do you do und please, wenn man ein feiner Mann war, daß ein Kaufmann von der Grand Street Respekt verlangen konnte und manchmal am River wohnen durfte, an jenem River, nach dem es auch Schemarjah gelüstete. (S. 107)	

1 Analysieren Sie die beiden Auszüge im Hinblick auf die Erzählweise. Machen Sie sich dafür zunächst Notizen in der Randspalte.

2 Füllen Sie die folgende Tabelle mit Ihren Untersuchungsergebnissen aus:

Aspekt	Auszug 1	Auszug 2
Erzählsituation		
Rede- und Gedankenwiedergabe		
Erzählform		
Erzählhaltung		

3 Fassen Sie Ihre Analyseergebnisse in einem Fazit zusammen.

Die Sprache des Romans untersuchen

M13

1 Ergänzen Sie Kategorien, die bei der Untersuchung der sprachlichen Gestaltung des Romans aufschlussreich sein können.

Antithetik		
	Syntax	

2 Untersuchen Sie die nachfolgenden Textauszüge auf sprachliche Auffälligkeiten. Notieren Sie diese in der Randspalte und geben Sie an, welche Funktion/Wirkung sie haben.

Textstelle 1	Sprachliche Auffälligkeiten und deren Funktion
Eine Fuhre klapperte und rasselte hinter der nächsten Biegung des Weges. Der Morgen war fahl, wie die Nacht gewesen war. Kein Unterschied zwischen Mond und Sonne. Schnee fing an zu fallen, weicher, warmer Schnee. Raben flogen auf und krächzten. […] Noch eine Stunde, und sie waren zu Hause. Es schneite dichter und weicher, je weiter der Tag fortschritt, als käme der Schnee von der ansteigenden Sonne. Nach einigen Minuten war das ganze Land weiß. Auch die einzelnen Weiden am Weg und die verstreuten Birkengruppen zwischen den Feldern weiß, weiß, weiß. Nur die zwei jungen schreitenden Juden waren schwarz. Auch sie überschüttete der Schnee, aber auf ihren Rücken schien er schneller zu schmelzen. Ihre langen schwarzen Röcke flatterten. Die Schöße pochten mit hartem regelmäßigen Schlag gegen die Schäfte der hohen Lederstiefel. Je dichter es schneite, desto schneller gingen sie. Bauern, die ihnen entgegenkamen, gingen ganz langsam, mit eingeknickten Knien, sie wurden weiß, auf ihren breiten Schultern lag der Schnee wie auf dicken Ästen, schwer und leicht zugleich, vertraut mit dem Schnee, gingen sie in ihm einher, wie in einer Heimat. Manchmal blieben sie stehn und sahen sich nach den zwei schwarzen Männern um, wie nach ungewohnten Erscheinungen, obwohl ihnen der Anblick von Juden nicht fremd war. (S. 33 f.)	

Textstelle 2	Sprachliche Auffälligkeiten und deren Funktion
Es war die erste Woche im Monat Ab. Die Juden versammelten sich nach dem Abendgebet, um den Neumond zu begrüßen, und weil die Nacht angenehm war und ein Labsal nach dem heißen Tage, folgten sie ihren gläubigen Herzen williger als gewöhnlich und dem Gebot Gottes, die Wiedergeburt des Mondes auf einem freien Platz zu begrüßen, über dem sich der Himmel weiter und umfangreicher wölbte als über den engen Gassen des Städtchens. Und sie hasteten, stumm und schwarz, in regellosen Grüppchen, hinter die Häuser, sahen in der Ferne den Wald, der schwarz und schweigsam war wie sie, aber ewig in seinem verwurzelten Bestand, sahen die Schleier der Nacht über den weiten Feldern und blieben schließlich stehn. Sie blickten zum Himmel und suchten das gekrümmte Silber des neuen Gestirns, das heute noch einmal geboren wurde, wie am Tage seiner Erschaffung. Sie schlossen sich zu einer dichten Gruppe, schlugen ihre Gebetbücher auf, weiß schimmerten die Seiten, schwarz starrten die eckigen Buchstaben vor ihren Augen in der nächtlich bläulichen Klarheit, und sie begannen, den Gruß an den Mond zu murmeln und die Oberkörper hin und her zu wiegen, daß sie aussahen wie von einem unsichtbaren Sturm gerüttelt. Immer schneller wiegten sie sich, immer lauter beteten sie, mit kriegerischem Mut warfen sie zu dem fernen Himmel ihre unheimischen Worte. Fremd war ihnen die Erde, auf der sie standen, feindlich der Wald, der ihnen entgegenstarrte, gehässig das Kläffen der Hunde, deren mißtrauisches Gehör sie geweckt hatten, und vertraut nur der Mond, der heute in dieser Welt geboren wurde wie im Lande der Väter, und der Herr, der überall wachte, daheim und in der Verbannung. (S. 61f.)	

3 Arbeiten Sie aus den folgenden Aussagen die zentralen Thesen zu Roths Sprache im *Hiob* heraus:

❶ Absehend vom Inhalt, von der erzählten Welt, erwartet der Autor in erster Linie von der „biblischen Musik", also dem Rhythmus und Klang, dem Vokabular, der mythologischen Motivik und der Bildlichkeit der (im Deutschen notwendigerweise an der Luther-Bibel orientierten) Sprache, die entscheidende Wirkung.

Dieter Schrey (http://home.bn-ulm.de/~ulschrey/roth/bodenlos.html)

❷ Man möchte seine Sprache als eine solche des magischen Realismus bezeichnen: statt psychologisierender Auflösung und breiter Erklärung Festigkeit und äußerste Knappheit, fern dem unmystischen Naturalismus wie dem wirklichkeitsfremden Expressionismus, ruhige und scheinbar alltägliche Sätze, die leuchten von Geheimnis.

Heinrich Lützeler (in: Neues Hochland, Band 29, Ausgabe 1, 1931)

Lösungsheft

Joseph Roth **Hiob**

STARK

Lösungsvorschläge

M 1 Bilder Zitaten zuordnen

1 Bilder und die dazugehörigen Zitate:

1 „Sie ist hunderteinundfünfzig Fuß hoch, im Innern hohl, man kann sie besteigen. Um den Kopf trägt sie eine Strahlenkrone. In der Rechten hält sie eine Fackel. Und das schönste ist, daß diese Fackel in der Nacht brennt und dennoch niemals ganz verbrennen kann. Denn sie ist nur elektrisch beleuchtet. Solche Kunststücke macht man in Amerika."

2 Jeden Tag hatte er hier Lieder gehört, lustige und traurige, langsame und hurtige, dunkle und helle. Aber niemals war ein Lied wie dieses hier gewesen. Es rann wie ein kleines Wässerchen und murmelte sachte, wurde groß wie das Meer und rauschte. Die ganze Welt höre ich jetzt, dachte Mendel.

3 Die Osterbrote lagen verhüllt unter einer weißen Serviette, ein schneeiger Hügel neben dem saftigen Grün der Kräuter, dem dunklen Rot der Rüben und dem herben Gelb der Meerrettichwurzel.

4 Dann zogen sie ihn heraus, mit klopfenden Herzen, roten Wangen, in der freudigen und grausigen Erwartung, einen Toten zu halten. Aber Menuchim lebte. Er röchelte, spuckte das Wasser aus, die Würmer, das verschimmelte Brot, die Obstreste und lebte. Nichts geschah ihm.

5 „Menuchim, Mendels Sohn, wird gesund werden. Seinesgleichen wird es nicht viele geben in Israel. Der Schmerz wird ihn weise machen, die Häßlichkeit gütig, die Bitternis milde und die Krankheit stark. Seine Augen werden weit sein und tief, seine Ohren hell und voll Widerhall."

6 [D]er Mann trat zuerst hervor, ein Mann in Uniform, ein Soldat mit dunkelblauer Mütze, gestiefelt und gespornt, das Metall blinkte und klingelte leise. Hinter ihm leuchtete ein gelber Schal auf, ein gelber Schal, ein gelber Schal. Eine Stimme erklang, die Stimme des Mädchens. Der Soldat wandte sich um, legte seinen Arm um ihre Schultern, jetzt öffnete sich der Schal […].

7 Es war noch früh, als sie das Schiff erreichten. Man erlaubte ihnen, ein paar Blicke in die Speisesäle der ersten und zweiten Klasse zu werfen, ehe man sie ins Zwischendeck hineinschob.

8 Es kamen Männer in Uniformen, sie erschienen Mendel ein wenig gefährlich, obwohl sie keine Säbel hatten. Einige trugen blütenweiße Gewänder und sahen halb wie Gendarmen aus und halb wie Engel. Das sind die Kosaken Amerikas, dachte Mendel Singer, und er betrachtete seine Tochter Mirjam.

2 Zitat 1: Mendel und Menuchims unerwartetes Wiedersehen wird hier eingeleitet.
Zitat 2: Auswanderung nach Amerika – Flucht anstatt Problembewältigung
Zitat 3: Der behinderte Bruder und das Verhältnis der Geschwister zu ihm
Zitat 4: Glaube
Zitat 5: Die Prophezeiung des Rabbis; die Heilung Menuchims wird hier vorausgesagt
Zitat 6: Mirjams zwanghafter Freiheitsdrang – nymphomanische Begierde
Zitat 7: Stellung von Juden in der Gesellschaft (Behandlung auf der Überfahrt)
Zitat 8: Die Probleme bleiben bestehen – vergebliche Emigration?

Sonstige Themen (Vorschläge):

- Theodizee
- Generationenkonflikt
- Alter und Altern (bspw. bei Deborah)
- Menuchims Gesundung – Ein Wunder oder medizinischer Fortschritt?
- Mendel Singer als moderner Hiob?
- …

M 2 Kapitelinhalte ordnen

1 **Erster Teil**

9	Familie Singer kommt ohne Jonas und Menuchim in New York an – erstes Treffen mit Sam nach dessen Flucht vor dem Militärdienst.
7	Mendel reist nach Dubno, um die Auswanderung vorzubereiten.
3	Schemarjah und Jonas werden gemustert und einberufen.
4	Deborah organisiert die Auswanderung Schemarjahs.
5	Schemarjah wandert illegal aus. Jonas fasst den Entschluss, zum Militär zu gehen.
1	Menuchim wird geboren und weist eine Behinderung auf. Deborah reist zum Wunderrabbi, der die Genesung Menuchims prophezeit.
8	Familie Singer bricht nach Amerika auf, während Menuchim bei Familie Billes in Zuchnow bleibt. Die Familie fährt mit dem Schiff nach New York.
2	Die Beziehung zwischen Deborah und Mendel wird distanzierter. Die Geschwister quälen Menuchim und töten ihn beinahe.
6	Mac überbringt Grüße von Sam. Mendel entschließt sich, nachdem er Mirjams Verhältnis zu Kosaken entdeckt hat, zur Auswanderung nach New York.

Zweiter Teil

12	Jonas wird als verschollen gemeldet. Als Familie Singer die Nachricht erhält, dass Sam im Ersten Weltkrieg gefallen ist, stirbt Deborah.
14	Mendel zieht zu Skowronnek und hört nach einiger Zeit erstmals „Menuchims Lied“.
16	Mendel wird von Menuchim in dessen Hotel gebracht. Mendel ist wieder zufrieden.
15	Mendel begegnet Menuchim als Alexej Kossak wieder. Mendel findet zurück zu Gott.
11	Der Erste Weltkrieg bricht aus. Macs Reise, mit der man Menuchim doch noch nachholen will, muss verworfen werden.
13	Mendel trauert um Deborah. Als Mirjam wahnsinnig wird, wendet Mendel sich von Gott ab.
10	Die Singers versuchen, sich in New York einzugewöhnen. Sam und Mac machen einen großen Gewinn. Mendel hofft, Menuchim nachholen zu können.

M 3 Den Romanbeginn untersuchen

Lebensumstände der Familie	Die Familie lebt in armen Verhältnissen, das Versorgungsproblem wird anscheinend immer größer (vgl. Z. 44 ff.).
Mendel Singers Verhältnis zu Gott	Mendel Singer betet oft und viel zu Gott (vgl. Z. 19–25). Er wird vom Erzähler auch als eifrig dargestellt (vgl. Z. 7). Die Gebete sind anscheinend Dankgebete, dies steht im Kontrast zu der Schilderung des beschwerlichen Lebens Mendels (vgl. Z. 11 f.). Auch sein Handeln als Lehrer ist Beleg für einen unkritischen Umgang Mendels mit der Bibel, denn er unterrichtet die Schüler lediglich „im Lesen und Memorieren der Bibel“ (Z. 37 f.) und scheint nicht über die Auslegung von Textstellen bzw. über die Gründe für Gottes Handeln zu diskutieren.
Gott	Bereits zu Beginn wird das Handeln Gottes in ironischer Brechung dargestellt. Mendels Leben ist anscheinend sehr schwer und wird von Gott nicht erleichtert. Zwar hat Gott Mendel Fruchtbarkeit gegeben, aber nicht die finanziellen Möglichkeiten, die darauf zurückzuführenden Kinder problemlos zu versorgen (vgl. Z. 14 ff.).
Die Kinder von Mendel Singer	Jonas und Schemarjah werden von ihm wegen Ungehorsam geschlagen, zu Mirjam, die bereits hier vom Erzähler als anziehendes Wesen geschildert wird, hat er offenbar ein gutes Verhältnis (vgl. Z. 31 ff.).
Deborah	Sie wird in dem Auszug als zänkische Person eingeführt, die auch ungerecht wird, wenn sie Mendel „sogar das schlechte Wetter“ (Z. 56 f.) vorwirft. Zudem verweist der Erzähler darauf, dass sie manchmal vom Teufel geritten werde (vgl. Z. 51 f.). Es folgen Hinweise auf ihren Neid und ihren Wunsch nach einer höheren sozialen Stellung.
Das Zusammenleben der Familie	Anscheinend ist das Zusammenleben durch Konflikte geprägt. So schlägt der Vater seine Söhne und die Frau macht ihrem Mann häufig Vorwürfe. Während des Essens wird nicht kommuniziert, selbst Blicke werden nicht ausgetauscht (vgl. Z. 62 ff.).

M 4 Den Romanbeginn als Exposition deuten

1 *Funktion der Exposition:*
- Verständnis beim Publikum wird vorbereitet
- das Fundament der Handlung wird gebildet
- Vorgeschichte wird deutlich
- Hauptpersonen werden vorgestellt
- Beziehungen der Hauptpersonen untereinander und ihre Interessen werden offenbar
- Corneilles Metapher ist sehr durchdacht gewählt. So ist es die Funktion der Exposition darzulegen, was im Vorfeld passiert ist (quasi die Wurzeln der Handlung) und was aus dem Samenkorn (der Exposition) an Handlung erwächst.

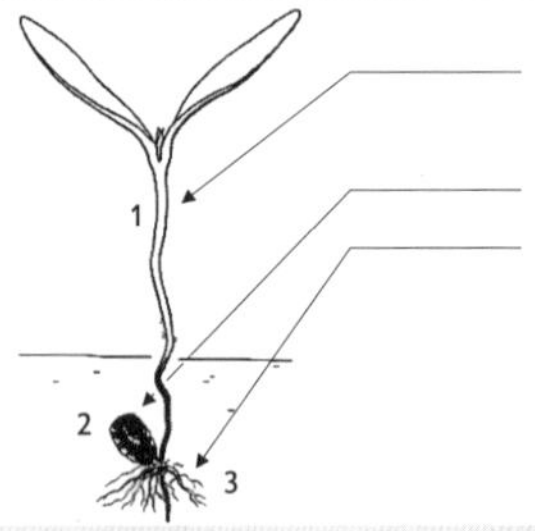

1 Handlung, die aus der Exposition resultiert
2 Exposition
3 Vorgeschichte, die für gewöhnlich nicht mehr Teil der konkreten Handlung der Erzählung ist

2 Der Romananfang weist durchaus Merkmale einer Exposition auf. Das Verhältnis zwischen den Kindern und Mendel sowie zwischen Mendel und seiner Frau wird hier bereits deutlich. Mendels unkritischer Umgang mit der Bibel, der für die Handlung sehr bedeutsam ist, ermöglicht die Entwicklung der Handlung: Menuchim hätte bereits früher in ärztliche Behandlung gegeben werden können, wenn Mendel ein anderes religiöses Verständnis gehabt hätte. Auch Mirjams Anziehungskraft ist hier bereits angedeutet. Das Auseinanderbrechen der Familie wird in der Situation bei Tisch antizipiert. Der Erzähler verweist zwar nicht auf die Vorgeschichte, aber im vorliegenden Fall ist die Exposition selber die Vorgeschichte zur Geburt Menuchims. Bis auf die Problematik des behinderten Sohnes sind alle Konflikte, die die spätere Handlung bedingen, hier bereits angelegt.
Aufgrund der oben genannten Aspekte ist es zulässig, von einer epischen Variante einer Exposition zu sprechen.

3 Allgemein wird diese Frage durch den Kontrast zwischen den Lebensbedingungen der Familie und Mendels (zumindest nach allgemeinem Verständnis) gottgefälligem Leben aufgeworfen. Insbesondere wird die Frage nach der göttlichen Gerechtigkeit aber auch durch sprachliche Zuspitzung provoziert: „Gott hat seinen Lenden Fruchtbarkeit verliehen, seinem Herzen Gleichmut und seinen Händen Armut." (Z. 14 ff.) Mendels Kinderreichtum geht einher mit Armut, und daraus resultiert die Frage, wieso Gott Mendel solchen Lebensumständen aussetzt bzw. warum er seine Frömmigkeit nicht belohnt.

M 5 Einen Lückentext zur Figur Mendel ergänzen

1 Lücke 1: ... wird Mendel Singer vom Erzähler als **fromm, gottesfürchtig und gewöhnlich** (S. 7) vorgestellt.

Lücke 2: ... und ein **jüdische[r] Kaftan**. (S. 7)

Lücke 3: ... ist sein Gebetsbuch **in seinen Händen heimisch**. (S. 65)

Lücke 4: ... Geringschätzung des Berufes klar zum Ausdruck: **Mendel Singers Kinder haben kein Glück! Sie sind eines Lehrers Kinder!** (S. 84)

Lücke 5: ... dass Gott **[d]em einen gibt [...] und dem andern nimmt** (S. 38), ...

Lücke 6: ... kann Menuchim **kein Doktor** (S. 12) gesund machen, **wenn Gott nicht will**. (ebd.)

Lücke 7: ... Die sexuelle Seite der Beziehung ist bereits beendet: **Seit diesem Tage hörte die Lust auf zwischen Mendel Singer und seiner Frau.** (S. 24)

Lücke 8: ... in Betracht ziehen: **Vielleicht war das unsere Sünde**. (S. 133)

Lücke 9: ... in einem **öffentliche[n] medizinische[n] Institut**. (S. 175)

2 Mögliche Notizen zur Figur könnten sein:

- Außenseiter in russischer Gesellschaft und der des Schtetl
- geringgeschätzter Beruf
- schicksalsgläubig
- erkennt bereits am Anfang Ungerechtigkeit im Handeln Gottes
- sein Glaube verhindert Hilfe für Menuchim
- agiert kaum, bleibt passiv
- anfangs werden negative Ereignisse als Strafe Gottes betrachtet
- später hat er die Idee, seine erkaltete Beziehung zu Deborah könnte die ausschlaggebende Sünde gewesen sein
- reagiert auf Mirjams Beziehungen zu Kosaken radikal, lässt dafür Menuchim und Jonas zurück
- vergisst Verantwortung im Diesseits
- medizinischer Eingriff, so zeigt das Ende, hätte Menuchim wahrscheinlich früher geheilt

M 6 Die Figur Deborah untersuchen

1

Also klangen die Klagen Deborahs, der Frau Mendel Singers. Sie war ein Weib, manchmal ritt sie der Teufel. Sie schielte nach dem Besitz Wohlhabender und neidete Kaufleuten den Gewinn. (S. 8)

sündig / neidisch

Weiß, geschwellt und kolossal entquoll ihre Brust der offenen Bluse und zog die Blicke der Knaben [Mendel Singers Schüler] übermächtig auf sich. Alle Anwesenden schien Deborah zu säugen. Ihre eigenen älteren drei Kinder umstanden sie, eifersüchtig und lüstern. (S. 10)

attraktiv bzw. sehr weiblich

Sie pilgerte zum Friedhof durch Regen und Sonne. Sie schlug mit dem Kopf gegen die moosigen Sandsteine, die aus den Gebeinen ihrer Väter und Mütter wuchsen. Sie beschwor die Toten, deren stumme tröstende Antworten sie zu hören vermeinte. (S. 13)

abergläubisch

Dann öffnete sie ihr Hemd vor dem Spiegel. Sie sah ihre schlaffen Brüste, hob sie hoch, ließ sie fallen, strich mit der Hand über den hohlen und dennoch gewölbten Leib, sah die blauen verzweigten Adern an ihren Schenkeln und beschloß, wieder ins Bett zu gehen. (S. 22f.)

gealtert / unattraktiv

ehrgeizig / enttäuscht

Sie zürnte ihrem Mann. Mendel Singer, was war er? Ein Lehrer, ein dummer Lehrer dummer Kinder. Sie hatte anderes im Sinn gehabt, als sie noch ein Mädchen gewesen war. (S. 29)

parteiisch / ungerecht

Sie vernachlässigte die älteren Kinder. Sie wandte sich von ihnen ab. Sie hatte nur einen Sohn, den einzigen Sohn: Menuchim. (S. 25)

betont Eigeninitiative

Der Mensch muß sich zu helfen suchen, und Gott wird ihm helfen. So steht es geschrieben, Mendel! Immer weißt du die falschen Sätze auswendig. (S. 39)

impulsiv / aggressiv

Dann erhob sie sich, stieß ihn [Mendel Singer] mit dem Fuß wie einen Hund, daß er mit Gepolter hintorkelte, ergriff ihren braunen Schal, der wie ein Hügel aus Wolle auf dem Fußboden gelegen hatte, umwickelte Kopf und Hals, knüpfte die Fransen im Nacken zu einem starken Knoten, mit einer wütenden Bewegung, als wollte sie sich erwürgen, wurde rot im Gesicht, stand da, zischend und wie gefüllt von siedendem Wasser, und spuckte plötzlich aus, weißen Speichel feuerte sie wie ein giftiges Geschoß vor Mendel Singers Füße. (S. 36)

Eine Wand aus kaltem Glas trennte sie von ihrem Mann. (S. 22)

entfremdet von Mendel

2 Deborah ist im Bereich des Haushaltes sehr fleißig. Ebenso verfolgt sie die Angelegenheiten Ihrer Kinder mit Nachdruck. So organisiert sie die Flucht Schemarjahs und reist für Menuchim zum Wunderrabbi. Sie ist sparsam und pragmatisch in ihrem Handeln, was sich auch in ihrem Urteil über Mendels Art zu glauben ausdrückt (vgl. S. 39). Deborah hat somit einige Eigenschaften, die man auch der Biene zuschreibt. Zudem verkündet sie die Prophezeiung des Wunderrabbis ganz im Sinne eines Propheten. Insofern hat Roth den Namen anscheinend bewusst verwendet, jedoch werden viele Eigenschaften der Figur nicht durch ihn erfasst.

3 Deborah erweist sich als ambivalente Figur im Roman. Im Handlungsverlauf entwickelt sich ihre Ehe zu Mendel, die anscheinend auch auf sexuellem Begehren beruhte, zu einer dauerhaften Krisenerscheinung, da sich zwischen ihnen eine „Wand aus kaltem Glas" (S. 22) bildet, die im direkten Zusammenhang mit dem alternden Körper Deborahs (vgl. S. 22 f.) steht. Dadurch treten die grundsätzlichen Differenzen zwischen Deborah und Mendel noch stärker hervor. Mendels abwartende Haltung steht kontrastiv zu Deborahs Verständnis von Glauben, nach dem sich der Mensch „zu helfen suchen" (S. 39) muss. Die Einstellung ihres Mannes entspricht auch nicht ihren ambitionierten Jugendplänen (vgl. Z. 29), da ein sozialer Aufstieg mit Mendels Lebensweise kaum vereinbar ist.
In ihrer Wut kann sie sich teilweise nicht kontrollieren; der Erzähler konkretisiert den Kommentar „manchmal ritt sie der Teufel" (S. 8) mit einer Schilderung ihres Verhaltens. So steht sie während eines Konfliktes mit Mendel „zischend und wie gefüllt von siedendem Wasser, und spuckte plötzlich aus, weißen Speichel feuerte sie wie ein giftiges Geschoß vor Mendel Singers Füße" (S. 36).
Deborah wirkt nicht wie das Bild einer zärtlichen und liebevollen Mutter, aber dennoch bemüht sie sich, die Einberufung von Schemarjah und Jonas zum Militär zu verhindern. Das Verhältnis zu Mirjam ist kompliziert; die Tochter spricht aus, was die Mutter fühlt, wenn es um die Ehe mit Mendel geht. Im Gegensatz zu Menuchim ist Deborah besonders engagiert, nicht zuletzt, weil sie aufgrund ihres Aberglaubens der Prophezeiung des Rabbis großen Wert beimisst. Trotz ihrer Zuneigung zu Menuchim verhindert sie nicht die Ausreise in die USA, wohin Menuchim sie aufgrund seiner Behinderung nicht begleiten darf. Dies entspricht allerdings dem patriarchalischen Familienbild der Zeit, nach dem der Mann die Entscheidungen für die Familie trifft.
Die Nachricht vom Tode Sams verkraftet Deborah nicht, was ihre emotionale Bindung zu ihren Kindern zeigt.

M 7 Die Figuren Mirjam und Deborah untersuchen

1 *Eigenschaften Mirjams:*
- empfindet sich anscheinend als schön (vgl. Z. 4 f.)
- Promiskuität und Nymphomanie (vgl. Z. 6 ff.)
- Stimme klingt für Deborah abstoßend/gefährlich wie die Kirchenglocken (vgl. Z. 23 ff.)
- kündigt Fortsetzung des promiskuitiven Lebens in Amerika an (vgl. Z. 27 f.)
- schätzt Chancen auf gute Ehepartie schlecht ein und macht die Eltern dafür verantwortlich (vgl. Z. 30 f.)

Eigenschaften Deborahs:
- Angst vor Mirjam (vgl. Z. 10 ff.)
- alt und hässlich (vgl. Z. 14) → starker äußerlicher Kontrast zu Mirjam
- erkennt, dass Mirjams Abwertung Mendel Singers und ihrer Ehe ihrer eigenen Sichtweise entspricht (vgl. Z. 36 ff.)

2 Schaubild:

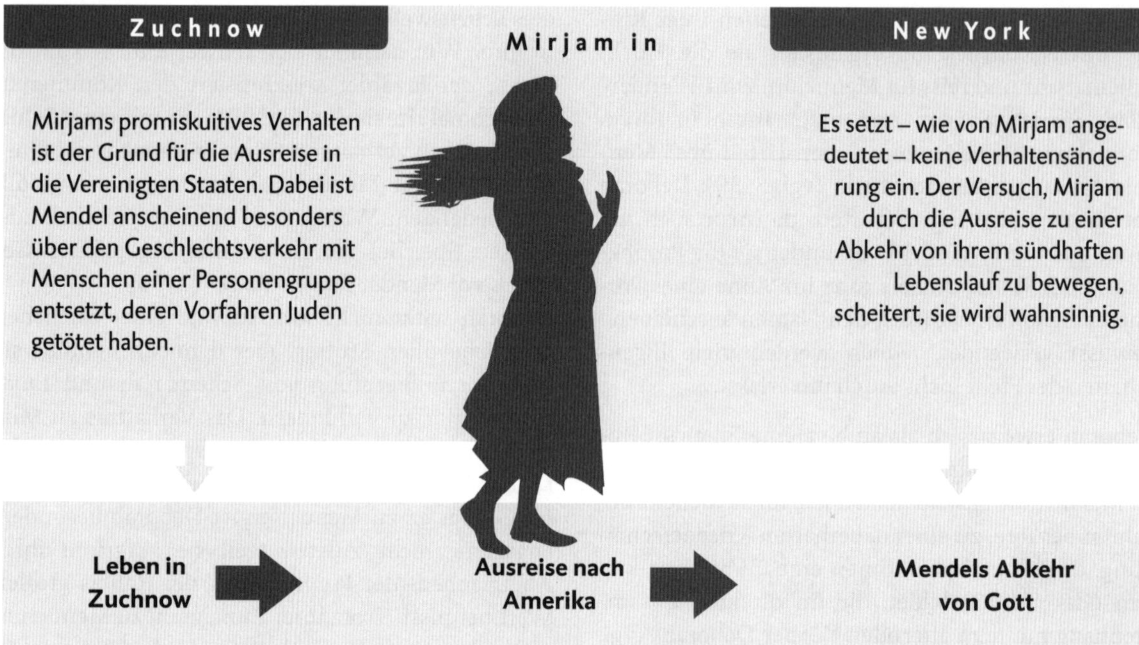

3 Mirjams Verhalten bedeutet einen deutlichen Bruch mit der jüdischen Kultur. Sie ignoriert die Gefahr, die von den Kosaken ausgeht, sowie die Vorsicht, mit der Juden aufgrund der geschichtlichen Ereignisse diesen Reitern begegnen.

4 Deborah ist in ihrer Ehe nicht glücklich. Zwar hatte sie nicht Mirjams Mut zu rebellieren, kann aber deren Sichtweise nachvollziehen. Deborah erhält nur noch eine Fassade des Ehelebens aufrecht, auf emotionaler Ebene ist die Zuneigung jedoch gewichen.

M 8 Die Figuren Jonas und Schemarjah/Sam untersuchen

1

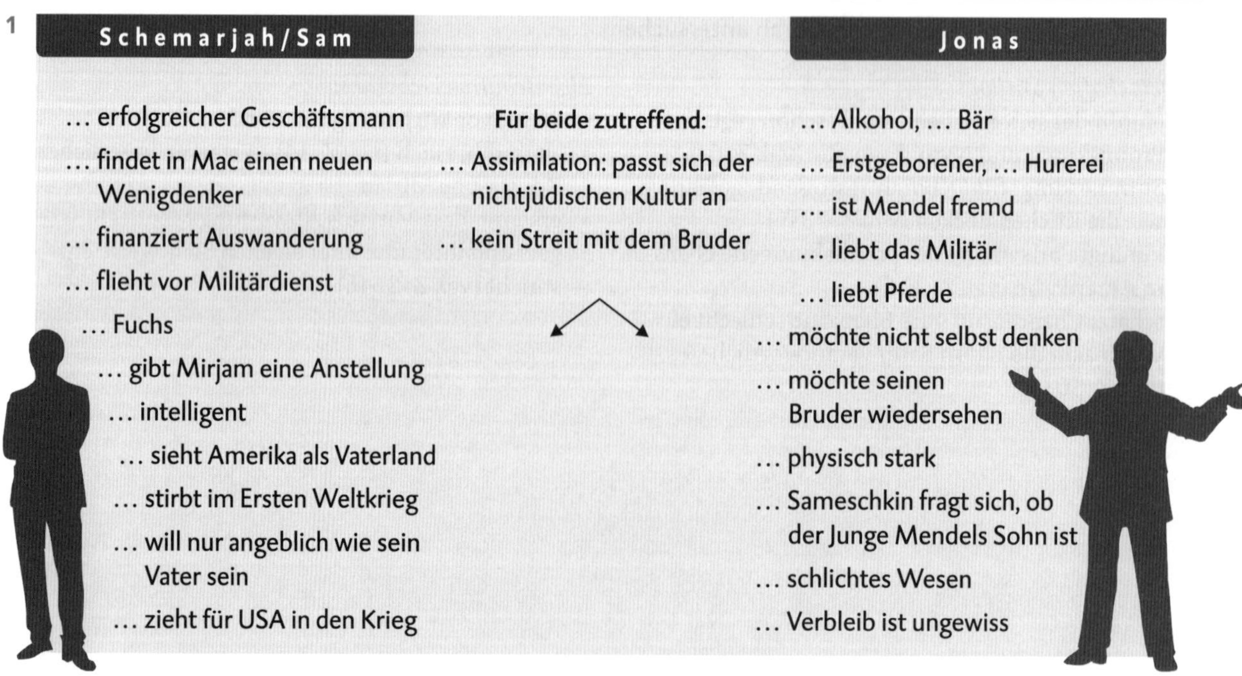

M 9 Die Figur Menuchim untersuchen

1

Menuchim

Kindheit bei den Singers

Menuchims Krankheit wird früh deutlich, er wird zur Belastung für die Familie, überlebt aber, trotz des Versuches seiner Geschwister, ihn in einer Regentonne zu ertränken. Menuchims Augen, in denen der russische Arzt Leben sieht, und seine Reaktion auf klingendes Glas und Glocken verweisen bereits auf seine musikalische Gabe und seine spätere Rolle als Erlöser für Mendel.

Leben nach der Auswanderung der Singers

Menuchim bleibt zurück bei seiner Pflegefamilie und hört seinem Pflegevater beim Musizieren zu, dem Schwiegersohn der Familie Billes. Menuchim berichtet am Pessach-Abend bei den Skowronneks, dass er später zu einem Arzt in einer Stadt gelangt ist und der Arzt ihn auch nach der Genesung bei sich behalten hat. Ohne Noten lesen zu können, beginnt er Lieder zu spielen, er entwickelt sich weiter und wird Dirigent einer Kapelle.

Treffen mit seinem Vater

Wie der auferstandene Jesus von seinen Jüngern wird Menuchim von seinem Vater zunächst nicht erkannt. Menuchim informiert seinen Vater, dass Jonas noch lebt, und wird für ihn zum Hoffnungsträger: Mendel hofft, dass auch Mirjam wieder genesen wird.

2 Die sprachliche Ausgestaltung spiegelt die Wahrnehmung Menuchims als Erlöserfigur wider. So wirken seine Augen sowohl anziehend als auch mächtig. Mendel kann sich von ihrem Anblick „nicht mehr […] befreien." (Z. 2 f.) Zudem machen die Augen (und nicht ihr Anblick) „ihn fröhlich und leicht" (Z. 3). Hier werden die Augen zur Ursache, als würden sie die Gemütslage Mendels bestimmen können. In der Vereinigung des Unvereinbaren, von alt und jung (vgl. Z. 4 f.), wird die Besonderheit der Augen angedeutet. Pars pro toto wird ihnen und damit Menuchim Allwissenheit zugesprochen (vgl. Z. 5 f.), und zwar von der Erzählinstanz, die hier nicht nur in die Rolle Mendels schlüpft, sondern mit Kommentaren die Wahrnehmung des Lesers lenkt, indem sie Menuchim zu einer Messias-Figur stilisiert.

Der Anblick dieser Augen lässt bei Mendel den Eindruck aufkommen, dass er jünger werde (vgl. Z. 7 f.), wobei der Wechsel vom Konjunktiv in den Indikativ die Wirkung der Augen zum realen Ereignis innerhalb der Fiktion macht: „ein Jüngling wurde er, gar nichts wusste er." (Z. 8) Durch den Anblick der Augen wird der Bibellehrer Mendel auf seine Position gegenüber Gott zurückgeworfen – die Position des Unwissenden.

Diese Augen hat Mendel sogar in seiner Kindheit erträumt (vgl. Z. 10), und zwar als die „Augen der Propheten" (Z. 12).

Der Schlusssatz des Auszuges ist eine Umschreibung typischer Gottesvorstellungen: allwissend, einen Nimbus besitzend, aber nichts verratend (vgl. Z. 13 f.).

3 Menuchim wird zur Figur mit besonderen Gaben, dessen Erscheinen Mendels Verbitterung beseitigt, ihn mit Glück und Hoffnung erfüllt. Schon seine Musik bewirkt bei Mendel, dass dieser die „ganze Welt“ (Zitatfeld, zu Zf. 1) zu hören vermeint. Allein die Musik rührt Mendel zu Tränen (vgl. ebd.). Sie schenkt Mendel nicht nur ein „sanftes Lächeln“ (Zf. 2), sondern macht ihn zu einem „andere[n] Mensch[en]“ (ebd.), wie Skowronnek konstatiert. Das Erscheinen Menuchims trägt Züge des Geheimnisvollen und Wunderbaren und rückt ihn in die Nähe der alten Propheten. Beim Pessach-Fest klopft er bezeichnenderweise kurz nachdem die Tür der Wohnung geöffnet worden ist, um den Propheten Eliahu symbolisch einzulassen (vgl. Zf. 3). Auch die Beschreibung Menuchims (s. Augenmotiv) weist darauf hin, dass er als prophetische, messianische Figur eintritt. Die Informationen Menuchims bewirken, dass Mendel „die gefalteten Hände nicht mehr lösen“ (Zf. 6) kann. Wie bei der Rückkehr Jesu, der sich auf dem Weg nach Emmaus zweien seiner Jünger anschließt, die ihn nicht erkennen, identifiziert auch Mendel Menuchim zunächst nicht. Aber als er ihn identifiziert hat, „sinkt [er] vor dem sitzenden Menuchim nieder […] [und] seine Lippen küssen, wo sie hintreffen“ (Zf. 7). Menkes bezeichnet das, was Mendel widerfährt, als „Wunder am lebendigen Leibe“ (Zf. 8). Nachdem Menuchim Mendel versichert hat, dass „[a]lles […] gut werden“ (Zf. 10) wird, ist Mendel der Erfüllung seiner Wünsche nahe. Die Fahrt mit dem Lift im Hotel seines Sohnes wird zur Himmelfahrt: „[E]r schwebte in den Himmel“ (Zf. 9).

4 Die Prophezeiung findet in Menuchims Werdegang ihre Erfüllung. Tatsächlich ist Menuchim gesund geworden und auch Mendel Singers Umgebung empfindet seine Genesung als Wunder und sein Auftreten als besonders. Für Mendel trifft also zu, dass, wenn sich seine „Lippen auftun […] [,] sie Gutes künden“. Auch die Prophezeiung über das Aussehen der Augen bewahrheitet sich, seine Ohren sind „hell und voll Widerhall“, er nimmt also akustische Reize sehr gut wahr und kann sie in eine Kunst umwandeln, die Menschen intensiv zu rühren vermag. Über die erzählerische Ausgestaltung als Erlöserfigur wird deutlich, dass Menuchim im Volke Israel eine besondere Stellung einnimmt. Der sich an die Prophezeiung anknüpfende Appell „Hab keine Furcht und geh nach Haus!“ wirkt am Ende des Romans wie für Mendel gesprochen. Erstmals ist er anscheinend ohne Angst und Sorge, fraglich ist nur, ob er tatsächlich in seine Heimat zurückkehrt oder ob „nach Haus“ hier das Ende seines irdischen Lebens bedeutet.

M 10 Ergebnisse zur Figurenkonstellation zusammenfassen

Vor der Auswanderung

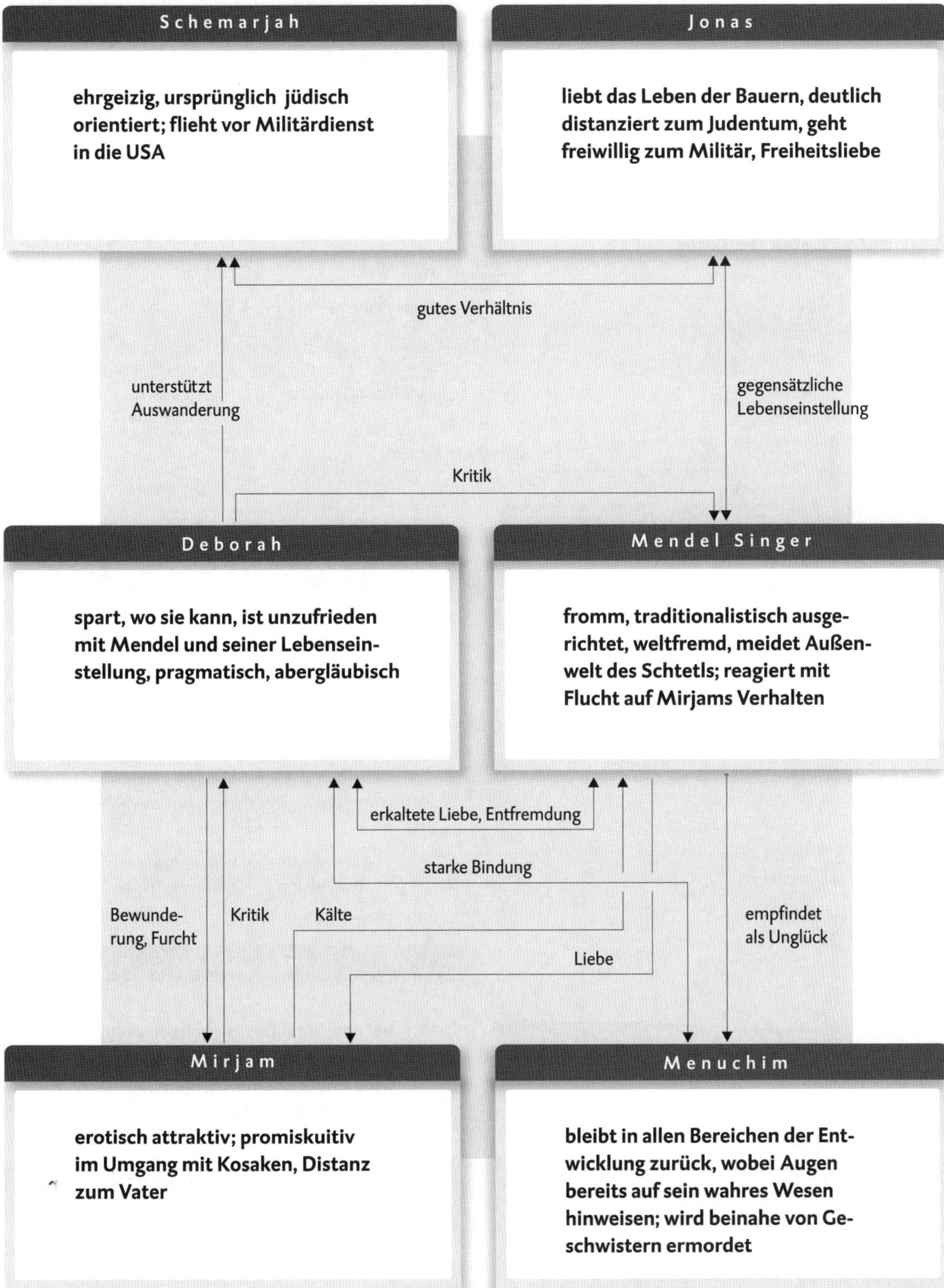

Nach der Auswanderung

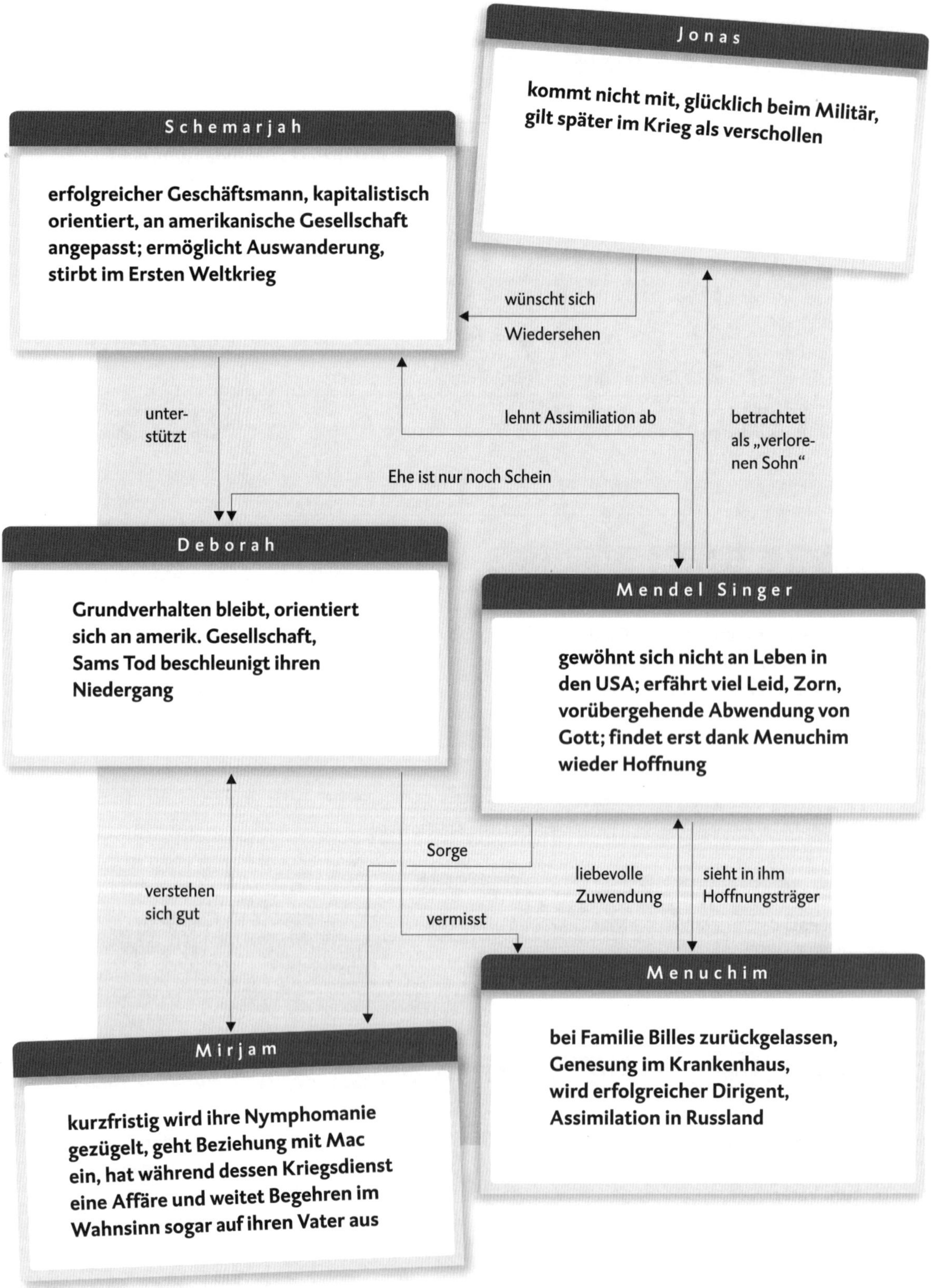

M 11 Merkmale von Erzählsituationen erarbeiten

1 Stichworte zur auktorialen Erzählsituation:
- Erzähler als Mittelsmann der Geschichte
- Einmengung
- Kommentare
- berichtende Erzählweise
- gehört nicht zu den Romanfiguren
- Außenperspektive lässt Eindruck der Allwissenheit aufkommen
- kann aber auch Innensicht von Figuren vermitteln

Stichworte zur Ich-Erzählsituation:
- gehört zur Welt der Figuren
- berichtende Erzählweise dominant
- Innenperspektive an Sichtweise der Erzählerfigur gebunden
- Unterscheidung zwischen erzählendem und erlebendem Ich

Stichworte zur personalen Erzählsituation:
- Verzicht auf Einmischung und Kommentare
- Leser bekommt Gefühl, er befände sich am Ort des Geschehens und sehe dieses durch die Augen der Figur
- Figur erzählt nicht
- Geschehen spiegelt sich im Figuren-Bewusstsein

M 12 Erzählsituation und Erzählhaltung in einem Textauszug untersuchen

1 Ergebnisse siehe Lösung zu Aufgabe 2

2

Aspekt	Auszug 1	Auszug 2
Erzählsituation	keine Kommentierung (Ausnahme: letzter Satz); Eindruck, man fühle, was Mendel fühlt; der Leser wird in die Gefühlswahrnehmung Mendels hineinversetzt; aber sprachlich wird deutlich, dass der Erzähler diese Gefühlswahrnehmung vermittelt; personale Erzählsituation mit Übergängen zu auktorialer Erzählsituation	Erzählerfigur wirkt dominant: berichtet und kommentiert/wertet; zieht Wissen heran, von dem fraglich ist, ob Mendel Singer dies selber bekannt ist; erwähnt Sams Wunsch; auktoriale Erzählsituation
Rede- und Gedankenwiedergabe	direkte Rede; Bewusstseinsbericht; Erzähler beschreibt bzw. schildert Mendels Innenwelt; „begann sein Herz langsam zu vereisen, es pochte wie ein metallener Schlegel gegen kaltes Glas“ (Z. 12 ff.)	nicht vorhanden
Erzählform	Erzähler berichtet; letzter Satz wirkt wie Kommentierung	Was der Erzähler von den spärlichen Englischkenntnissen Mendels berichtet, zeigt, dass dieser sich nicht mit der Sprache auseinandergesetzt hat. Der Kommentar, Mendel sei in Amerika beinahe heimisch geworden, wirkt hier insofern deutlich ironisch.
Erzählhaltung	beschreibt anschaulich das Seelenleben Mendels, lässt Mendel anscheinend unverfälscht zu Wort kommen; der letzte Satz klingt empathisch	deutlich ironische und evtl. in Bezug auf Mendel auch kritische Erzählhaltung; Mendel ist offensichtlich eben nicht „beinahe heimisch“ geworden

3 Die beiden Textauszüge demonstrieren, dass Joseph Roth virtuos die Erzählsituation variiert. So kann der Erzähler dem Leser personal einen Einblick in die Gedanken und Gefühle Mendels gewähren und Empathie für den alten Juden wecken, der in den USA seine Identität zu verlieren droht. Im zweiten Auszug distanziert sich der nun auktoriale Erzähler von Mendel, indem er ironisch zu verstehen gibt, dass Mendel nichts tut, um sich in das neue Umfeld zu integrieren.

M 13 Die Sprache des Romans untersuchen

1 Hier gilt es, sich Fachtermini und Gestaltungsmerkmale des Romans bewusst zu machen. Neben Antithetik und Syntax sind folgende Begriffe beispielsweise ebenfalls wichtig: Vergleiche, (Farb)symbolik, Personifikationen, Metaphern, Klimax, Parallelismen, Ironie.

2 *Allgemeiner Hinweis:* Bei der Bestimmung rhetorischer Mittel handelt es sich nicht um einen Selbstzweck, sondern um eine Methode, über die Untersuchung der Form tiefergehende Rückschlüsse auf den Inhalt zu ziehen.

Text 1

Der Vergleich zwischen Morgen und Nacht (Z. 2 f.), der die Unterschiedslosigkeit betont, wird durch die nachfolgende Ellipse hervorgehoben. Es mutet mythisch an, wenn „Mond und Sonne" (Z. 3 f.) keinen Unterschied aufweisen. Obwohl im Nachfolgenden wieder Stundenangaben genannt werden, entsteht der Eindruck der Zeitlosigkeit.

Mit dem Fallen des „weiche[n] und warme[n] Schnee[s]" (Z. 5 f.) und dem unruhigen Auffliegen und Krächzen der Raben (vgl. Z. 5) werden unterschiedliche Sinnesbereiche angesprochen. Dabei steht der alliterative Wohlklang des weichen und warmen Schnees im Gegensatz zum onomatopoetisch anmutenden Krächzen der Raben, die auch farblich aus der weißen Umwelt hervorstechen. Die schwarzen, unheimlichen Vögel symbolisieren eine bedrohliche, feindliche Umgebung. In einer Akkumulation mit dreifacher Wiederholung wird die Bildhaftigkeit der weißen Landschaft überdeutlich gemacht (vgl. Z. 9 ff.). Aus dieser Umgebung stechen Jonas und Schemajah hervor, weil der Schnee nicht auf ihnen liegen bleibt, bzw. „schien er schneller zu schmelzen" (Z. 14 f.).

Bezeichnenderweise werden die beiden Jungen namentlich nicht erwähnt, sondern nur als „Juden" (Z. 13) bezeichnet, was die Perspektive der ihnen begegnenden russischen Bauern wiedergibt. Obwohl die Bauern den Anblick von Juden kennen (vgl. Z. 26 f.), drehen sie sich „wie nach ungewohnten Erscheinungen" (Z. 25 f.) um. Jonas und Schemajah gehen schneller als die Bauern, die, „vertraut mit dem Schnee" (Z. 22), sich in diesem „wie in einer Heimat" (Z. 23) bewegen. Die beiden Jungen werden metaphorisch deutlich in den Bereich der Symbolik der Raben überführt: „Ihre langen schwarzen Röcke flatterten. Die Schöße pochten mit hartem regelmäßigem Schlag gegen die Schäfte der hohen Lederstiefel." (Z. 15 ff.) Ihr Auftreten gleicht also farblich und in der Bewegung der Röcke den fliegenden Raben. Die Geschwindigkeit beim Gehen wird vom Erzähler noch einmal explizit erwähnt, bevor dieser von der Vertrautheit der Bauern mit ihrer Umwelt berichtet. Dass die Juden nicht in den Genuss dieser Geborgenheit kommen, zeigt sich daran, dass der Schnee, der bei den Juden nicht liegen bleibt, weich und warm ist. Das Oxymoron des warmen Schnees (auch der Begriff der Antithetik ist hier treffend) stellt somit einen Kontrast her zwischen der Ausgeschlossenheit der Juden und der Vertrautheit der Bauern mit ihrer Umgebung.

Text 2

Auch in diesem Textausschnitt werden die Juden als Inbegriff der Andersartigkeit ausgestaltet. Anfangs wird noch die Ähnlichkeit zwischen Natur und Juden betont: Ein Vergleich verbindet die Personifikation des Waldes, der „schweigsam war" (Z. 12) und mit dem gleichen Farbattribut wie die Juden versehen wird, mit den Juden. Allerdings betont der Adversativ „aber" den Unterschied, dass der Wald „ewig in seinem verwurzelten Bestand" (Z. 12 f.) ist. Mit der Betonung der Ewigkeit taucht bereits in der Schilderung des Waldes ein märchenhaftes und legendenhaftes Motiv auf. In ihren Gebeten richten sich die Gläubigen in Richtung des „gekrümmte[n] Silber[s] des neuen Gestirns, das heute noch einmal geboren wurde" (Z. 15 ff.); der mythologische Duktus wird also fortgesetzt.

In der naturmagisch aufgeladenen Atmosphäre bilden die Gebetbücher einen farblichen Kontrast zu der Nacht und dem Wald: „[W]eiß schimmerten die Seiten, schwarz starrten die eckigen Buchstaben vor ihren Augen" (Z. 19 ff.). Die inbrünstig Betenden werden durch den Vergleich erfasst: „wie von einem unsichtbaren Sturm gerüttelt" (Z. 24 f.). Die Steigerung der Intensität drückt sich auch im als Parallelismus angeordneten nachfolgenden doppelten Komparativ aus: „Immer schneller wiegten sie sich, immer lauter beteten sie" (Z. 25 f.).

Die gesamte sprachliche Ausgestaltung läuft darauf hinaus, die Abwendung der strenggläubigen Juden von ihrem Lebensumfeld, aber auch die abweisende Haltung der Welt darzustellen: Eine typische triadische, mit einer Personifikation kombinierte Satzstruktur bringt ihre Fremdheit in dieser Welt zum Ausdruck: „Fremd war ihnen die Erde, [...] feindlich der Wald, der ihnen entgegenstarrte, gehässig das Kläffen der Hunde“ (Z. 27 ff.), einzig der Mond bleibt den Juden vertraut (vgl. Z. 31 f.).

3 In mehreren Aussagen wird der Klang und Rhythmus der Sprache im Roman erwähnt, die einer „biblischen Musik“ gleicht: Sprachbilder und -melodie lehnen sich an das Deutsch der Luther-Bibel an. Während die klangliche Ausgestaltung einprägsam ist, wirken die Sätze inhaltlich zunächst einfach, dabei sind sie, von Lützeler treffend bezeichnet, Sätze eines „magischen Realismus“, der auf mehr verweist, als es zunächst den Anschein hat. Dazu trägt auch die Symbolik der Sprache Roths bei, die über die detaillierte Schilderung hinausgeht. Hinter den vermeintlich alltäglichen Aussagen verbergen sich Geheimnisse.

4 Alle in den Beispielen angeführten Besonderheiten der Sprache Roths lassen sich an den Textauszügen belegen. Im ersten Auszug ist die Symbolik von Schnee und Raben auffällig, im zweiten Auszug wird trotz der Schilderung eines jüdischen Rituals, das real so stattgefunden haben kann, durch die sprachliche Ausgestaltung die Atmosphäre eines „magischen Realismus“ erzeugt. Beide Male werden Naturerscheinungen (Schnee, Raben, Mond) symbolisch überhöht und mit einer tieferen Bedeutung aufgeladen. Klanglich entsteht durch die Vielzahl an triadischen Konstruktionen im gesamten Roman oftmals der Eindruck eines biblischen Duktus.

M 14 Informationen zum Ersten Weltkrieg in einer Schlagwort-Wolke sichern

Schlagwort-Wolke „Erster Weltkrieg“

Es handelt sich um keine Ideallösung, sondern um eine mögliche Variante einer Schlagwort-Wolke.

Propaganda
drängendes Bürgertum
milit. Kettenreaktion
Ende Monarchie Österreichs
Neuordnung Europas
20 Mio. Tote
USA 1917: Kriegseintritt
Kriegsschuld der Deutschen
Kriegerwitwen
Versailler Vertrag
Sozialdarwinismus
Revolution in Russland 1917
psychische Folgen

M 15 Die Bedeutung des Ersten Weltkriegs für Roths Werk und Biografie erfassen

Vergleich zwischen Mendel Singer und Joseph Roth

Mendel Singer	Joseph Roth
• Krieg verhindert, dass Mac Menuchim holen kann, was Mendel sich sehr wünscht • Krieg trennt Mendel noch deutlicher von Russland, durchkreuzt seinen Gedanken an Heimkehr • Sam fällt im Krieg – Beginn für Mendels sich zuspitzendes Leid (Jonas vermisst, Deborah stirbt, Mirjam wird psychisch krank)	• Krieg führt Ende des monarchischen Österreichs herbei, was Roth als „unwiederbringlichen kulturellen und geistigen Verlust“ (Z. 4 f.) empfindet • Erinnerung daran wird für ihn zum „Gegenpol einer moralisch und politisch verfallenden Gegenwart“ (Z. 7 f.) • Wegfall des Vaterlandes und der mit diesem auf emotionaler Ebene verbundenen Sicherheiten

M 16 Zwei Textstellen einander gegenüberstellen

Die Ermordung einer Butterblume

- deutlich psychologisch-pathologische Elemente; Fischer sieht sich selber zu (vgl. Z. 1 ff.)
- Personifikation der Blume (vgl. Z. 6 ff.)
- Elemente der Groteske, denn der „Pflanzenkopf [...] wühlte sich in das Gras.“ (Z. 11 f.)
- Hyperbel: Pflanzenblut wie brandende Flut (Z. 22 f.)
- drastischer Vergleich: Saft wie „Speichel“, der Gelähmtem „aus dem Mundwinkel läuft“ (Z. 17 f.)
- in seiner Wahrnehmung wird Fischer von dem austretenden Saft der Blume verfolgt (vgl. Z. 15 ff.)

Flucht ohne Ende. Ein Bericht

- Betonung des Berichtcharakters bereits im Buchtitel
- Hervorhebung, dass „nichts erfunden, nichts komponiert“ (Z. 6) ist
- Hauptsätze aneinandergereiht, keine Innensicht der Figur
- nüchterner, objektiver Tonfall
- keine sprachlichen Bilder: Erzähler will nicht „dichten“ (Z. 7)

M 17 Die Epoche der Neuen Sachlichkeit erschließen

1

Literatur vor der Neuen Sachlichkeit	• sinnlose und zwecklose Spielerei (vgl. Z. 2) • fehlender „Zusammenhang mit dem Leben“ (Z. 3) • formalistisch und ästhetisch geprägt (vgl. Z. 7) • arbeitet mit Fantasiegestalten als Helden (vgl. Z. 15) • zu emotional (Z. 8 f.) • subjektive Wertungen (vgl. Z. 10) • Erotisches hat zu großes Gewicht (vgl. Z. 13, 15 f.)
Damals aktuelle Entwicklung der Literatur	• Ablehnung des „gefühlsmäßig Überbetonte[n]“ (Z. 8 f.) • Inhalt: Leben der Zeit; Fokus auf Wirtschaft, Soziologie, Politik (vgl. Z. 12 ff.) • Form: „einleuchtend“ (Z. 12 f.); historischer Roman, historischer Essay; „Darstellung abgeschlossener, somit überschaubarer Vorgänge“ (Z. 25 f.) • „Mensch, Politiker, Sportler, Geschäftsmann“ (Z. 17) als Protagonisten • Inhalt hat Vorrang vor der Form (vgl. Z. 30 f.)

2 **„Ich und die Stadt“**: Typisch für die Motivik des Expressionismus ist Meidners Selbstbildnis grotesk überzeichnet. Bereits die Größenverhältnisse des Kopfes und die perspektivische Verzerrung der Stadt wirken auf den Betrachter irritierend. Der Künstler fühlt sich anscheinend von der Stadt der Moderne bedroht, quasi in sie eingearbeitet und von ihr gefängnisartig umgeben. Er wird quasi von den auf ihn einstürmenden Eindrücken überrollt.

„Der rasende Reporter Egon Erwin Kisch“: Die Fotomontage zeigt Kisch über der Stadt, wie er auf sie hinabblickt. Nur der Kopf ist noch menschlich, der Rest des Körpers besteht aus technischen Apparaturen. Der Titel gibt Aufschluss darüber, wie das Bild zu verstehen ist. Es visualisiert die Idealvorstellung vom Reporter der Neuen Sachlichkeit. Er wird zum Chronisten, zum Medium, das Gesehenes und Gehörtes festhält (Kamera und Hörtrichter) und direkt in Geschriebenes umsetzt (s. Arm als Füller und anderer Arm, der eine Schreibmaschine bedient). Dabei gehören Zeitdruck (Halsband) und Mobilität (Flugzeug und Auto) zum Beruf des Reporters dazu. Die Umsetzung von Informationen in einen Bericht soll anscheinend unmittelbar stattfinden.

3 Aus dem Künstler, der als Betroffener subjektiv seine Gefühle zum Ausdruck bringt, wird der Reporter, der von oben auf die Dinge herabschaut. Das gefühlsmäßig Überbetonte des O-Mensch-Pathos weicht dem maschinenartigen Berichten des Reporters.

4 Die Zeit vor und während des Ersten Weltkrieges war durch Pathos geprägt. Vor dem Krieg waren es das überbordende Gefühl und der extreme Subjektivismus der Expressionisten, die auf den Leser wirkten, während des Ersten Weltkrieges folgte dann die übertriebene Feierlichkeit der Propaganda und des Nationalismus; es wurde ein Bild der Welt gezeichnet, das dem Vergleich mit der Realität nicht standhielt.

Nach der Kriegserfahrung wollte man mit der überspannten, feierlichen Emotionalität brechen und machte Nüchternheit und Objektivität zu Stilidealen. Ein klarer, lakonischer Tonfall ersetzt Pathos und Emotionalität.

5 **Schlagwort-Wolke „Neue Sachlichkeit“**

Es handelt sich um keine Ideallösung, sondern um eine mögliche Variante einer Schlagwort-Wolke.

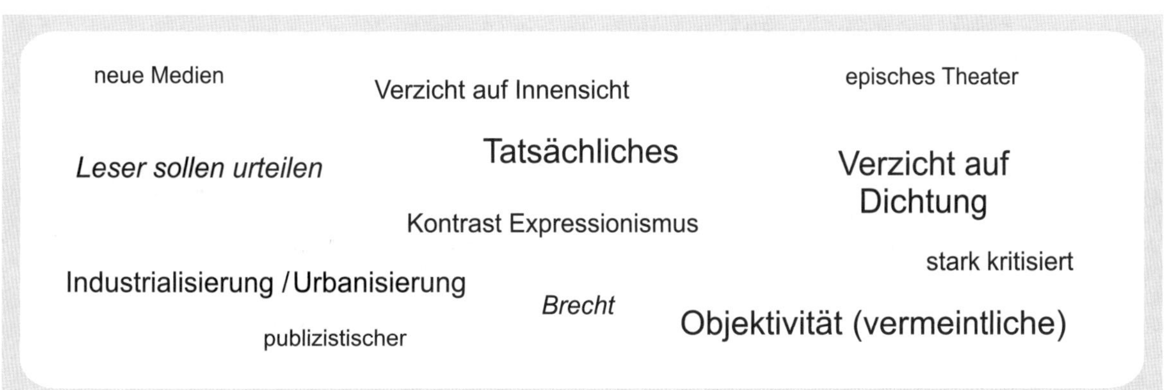

M 18 Eine Concept-Map zu einem poetologischen Sachtext Joseph Roths erstellen

1 Kommentierung des Sachtexts

Textstelle	Schlüsselbegriffe / Kurznotizen
Es ist keineswegs eine besondere Eigenschaft des Lesers von heute, auf Zeugenaussagen begieriger zu sein als auf Berichte. Den „Leser" aller Zeiten hat der Augenzeuge vor allem interessiert. Dem „Leser", dem „Hörer" aller Zeiten erscheint der ungeformte, der formlose, kunstlose Bericht: also die *Mitteilung des Zeugen*, glaubwürdiger als der künstlerische Bericht. Der „Leser" ist primitiv und hat den Respekt des primitiven vor dem „Wirklichen". [...] Der künstlerische Berichter, also der Romancier zum Beispiel, hat immer einen größeren Widerstand zu überwinden als der Schreiber von Tatsachen. [...] Der primitive Leser will entweder ganz in der Wirklichkeit bleiben oder ganz aus ihr fliehen. Er muß eine Hemmung überwinden, ehe er sich der Spannung der Wahrheit ergibt, der Wahrheit, die das Kennzeichen und Ziel des künstlerischen Berichts ist.	*Leser glaubt eher Mitteilung von Augenzeugen als künstlerischem Bericht* *ist primitiv, besteht auf Wirklichkeit (Tatsachenbericht) oder will aus ihr fliehen (reine Fiktion)* *aber: Wahrheit ist nur im künstlerischen Bericht zu finden!*
Ein Leser, der etwa eine Eisenbahnkatastrophe erlebt, findet in einer jene Katastrophe schildernden Zeugenaussage eine höchst mangelhafte, ja vielleicht vollkommen gefälschte Darstellung. Erst ein künstlerischer Bericht von einer Eisenbahnkatastrophe (irgendeiner) erschiene dem Leser als eine „echte" Wiedergabe des Unglücks, das er miterlebt hat. Der „künstlerische Bericht" erreicht jenen Grad, auf dem er des Details nicht mehr bedarf, um gültig zu sein. Die Zeugenaussage war „authentisch". Aber sie erreichte bei dem Leser [, der das Unglück miterlebt hat,] nicht einmal den Grad der Glaubwürdigkeit, weil er (zufälliger) Teilnehmer am Ereignis war, also die reale Unmittelbarkeit seiner Eindrücke *nur* in der „poetischen" des geformten Berichts wiederfinden kann; nicht aber in der ungeformten Simplizität der „dokumentarischen" Mitteilung. Sie, die „das Leben" selbst zu bezeugen scheint, ist weit entfernt, nicht nur von der „inneren" oder „höheren Wahrheit", sondern auch von der Kraft der Wirklichkeit. Und erst das „Kunstwerk" ist „echt wie das Leben".	*Bsp.: Zugunglück* *künstlerischer Bericht fängt Geschehen besser ein als Darstellung eines Augenzeugen* *poetisch überformter Bericht kommt an Wirklichkeit heran*
Dennoch erscheint es notwendig, obwohl es selbstverständlich sein müßte, also nur der Klärung halber, zu betonen, daß der künstlerische Berichter an die Wirklichkeit gebunden ist *und daß sie immer sein Material bleibt, wie die Sprache sein Werkzeug*. Die „Wirklichkeit": der ganze Komplex menschlicher Beziehungen, menschlicher Leiden, menschlicher Freuden, menschlicher Laster, menschlicher Tugenden. Der wichtigste – und man gestatte gelegentlich ein pathetisches Wort: der erhabenste Gegenstand literarischer Behandlung ist der Mensch, der wirkliche, lebendige Mensch. Einen Menschen so darzustellen, daß man ihn sieht, hört, fühlt, ist die Aufgabe der Autoren [...]. Der lebendige Mensch nun ist von der Wirklichkeit nicht zu lösen, nicht von Tatsachen, nicht von Zahlen und Ziffern, nicht von Größen und Maßstäben, nicht von „Details". Eine genaue Kenntnis der Realität wird vom Berichter gefordert werden – nicht damit er sie detailgetreu benütze, sondern damit er sie beliebig und schöpferisch verändere. Es gibt keine Wahrhaftigkeit im literarischen Kunstwerk ohne Wahrscheinlichkeit. Um diese zu erzeugen, muß der Berichter „beobachtet" haben, „das Leben kennen", „die Welt kennen". Ja, in der Kenntnis der „nackten Tatsachen" mit dem Augenzeugen wetteifern. Der Erzähler ist ein Beobachter und ein Sachverständiger. Sein Werk ist niemals von der Realität gelöst, sondern in Wahrheit (durch das Mittel der Sprache) umgewandelte Realität. („Real" ist unter gewissen Bedingungen, deren Erörterung nicht hierher gehört, auch die sogenannte „phantastische" Welt.)	*Tatsachen = Material für Kunstwerk* *Mensch als zentraler Gegenstand von Literatur, ist an Wirklichkeit gebunden* *Berichter soll Realität kreativ verändern, muss Welt kennen, um plausibel erzählen zu können* *Werk des Künstlers = in Wahrheit umgewandelte Realität, steht also über dieser*

2 **Concept-Map**

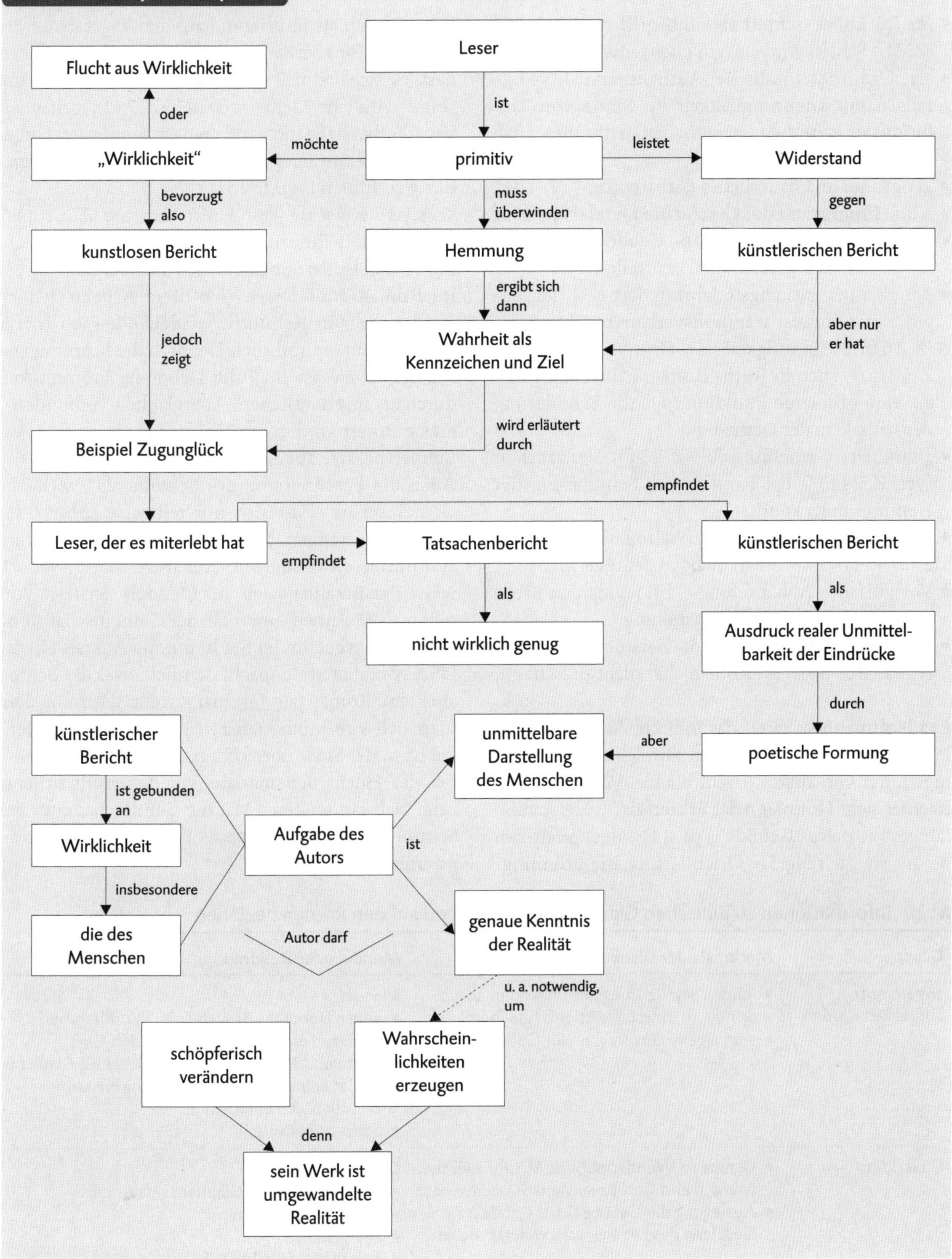

M 19 Historische Informationen zum Schtetl auf den Roman beziehen

- im Rückblick Schtetl als „Inbegriff des Verlusts“ (Z. 3) – Schtetl wird auch in *Hiob* teilweise verklärt
- als „Ort größter jüdischer Authentizität“ (Z. 4 f.) – falls damit Ursprünglichkeit im Sinne von Traditionsverhaftetheit gemeint ist, trifft dies auch für Roths Roman zu
- „Pogrome und bäuerliches Barbarentum“ (Z. 10 f.) – im Hintergrund der Geschichte Mendels präsent
- „widerstandsfähiges soziales Gebilde“ (Z. 14) – für Roths Roman schwer zu beurteilen
- der „bis ins zwanzigste Jahrhundert [...] tief religiöse und zutiefst traditionsverhaftete Charakter“ (Z. 16 ff.) / Frömmigkeit als Ordnungskraft (vgl. Z. 18 ff.) – auch in Roths Roman haben alte Rituale eine ordnende Funktion (vgl. die Schilderung der Rituale in der Gemeinde)
- „wirkliche Gemeinschaft“ (Z. 23 f.); Vertrautheit (vgl. Z. 24 f.) – bei Roth in der Schilderung der Neumondfeier spürbar
- kritische Perspektive von Großstädtern (vgl. Z. 27–33) – im Roman nicht so deutlich
- Vorwurf der Abkapselung – findet sich in Mendels weltfremder Lebenseinstellung
- Modernisierung bereits vor Zerstörung spürbar (vgl. Z. 33–39) – im Roman eher nicht präsent

Eva Hoffmann skizziert das jüdische Schtetl aus der Perspektive desjenigen, der in ihm lebte, und desjenigen, der von außen darauf blickte. Von innen betrachtet sieht Hoffmann das Schtetl als „widerstandsfähiges soziales Gebilde“ (Z. 14); des Weiteren betont sie die religiöse Orientierung, die Frömmigkeit, die sich strukturierend auf den Tagesablauf der Bewohner auswirkte (vgl. Z. 15 ff.). Sie vermutet, dass es sich beim Zusammenleben im Schtetl um „eine wirkliche Gemeinschaft“ (Z. 23 f.) gehandelt hat. Hierbei habe niemand an dem modernen Unbehagen leiden müssen, sich unsicher und nicht zugehörig zu fühlen (vgl. Z. 25 ff.).
Dagegen erweckte laut Hoffmann die Außenperspektive den Eindruck, das Schtetl sei von allem Modernen isoliert und geprägt von Aberglauben.
Im Roman *Hiob* lassen sich diese Aspekte jedoch nicht immer in Reinform wiederfinden, so ist für Mendels Kinder und auch Deborah die Frömmigkeit sekundär bzw. ist im Falle Deborahs Frömmigkeit durchaus mit deutlichem Aberglauben verbunden – dies erinnert an die von Hoffmann resümierte Außenperspektive auf das Schtetl.
Auch die Beschreibung des Schtetls als „wirkliche Gemeinschaft“ lässt sich nur teilweise anhand des Romans bestätigen. Dass Familie Billes Menuchim aufnimmt, ist sicherlich Ausdruck dafür, jedoch weist der Erzähler auch auf Mendels geringes Ansehen als Melamed innerhalb der Gemeinschaft hin. Mendels Besuch in der Stadt, um die Ausreise in die USA vorzubereiten, macht deutlich, dass das Schtetl auch im Roman als Ort dargestellt wird, an dem man sich von modernen Einflüssen fernhält, Mendel ist in der Stadt überfordert.
Bei der Flucht Schemarjahs vor dem Militärdienst zeigt sich ein weiteres Mal der Sondercharakter des Schtetls als nicht in eine Volksgemeinschaft integrierter Lebensort.

M 20 Informationen zu jüdischen Glaubensausprägungen auf den Roman beziehen

Gruppe	Merkmale der Glaubensausprägung	Mendel oder Deborah
sogenannte aufgeklärte Juden	• lehnen Mystizismus der Chassidim ab • Sünde, an irdische Mittler zu glauben • sind eigene Fürsprecher vor Gott	Mendel: • gegen Deborahs Besuch beim Wunderrabbi • glaubt an einen ernsten, strafenden Gott • Thora und Talmud als Grundlage seines Glaubens • duldet keine anderen Vermittlungsinstanzen zwischen sich und Gott • betet „mechanisch“
Chassidim	• Glaube an Wunderrabbi als Mittler zwischen Mensch und Gott bzw. Mensch und Mensch • Auslegung der Gebote Gottes, sodass sie den Gesetzen des Lebens nicht widersprechen	Deborah: • kritisiert Mendels Glaubensverständnis • geht Probleme aktiv an • abergläubisch • sucht Wunderrabbi auf • Prophezeiung bewahrheitet sich

Die sprachliche Ausgestaltung und der Handlungsverlauf des Romans deuten darauf hin, dass Roth die Glaubensausprägung der Chassidim bevorzugt, denn Mendels Glaubensausrichtung ist nicht die erfolgversprechende und mit dem Leben übereinstimmende. Stattdessen bewahrheitet sich die Prophezeiung des Rabbis und anscheinend befindet sich Menuchim mit einer nicht traditionell jüdischen Vita im Einklang mit dem Leben, was gegen eine strenge Glaubensauslegung, wie sie Mendel bis zu seiner Abkehr von Gott praktiziert hat, spricht.

M 21 Historische Gründe für die Auswanderung auf den Roman beziehen

1

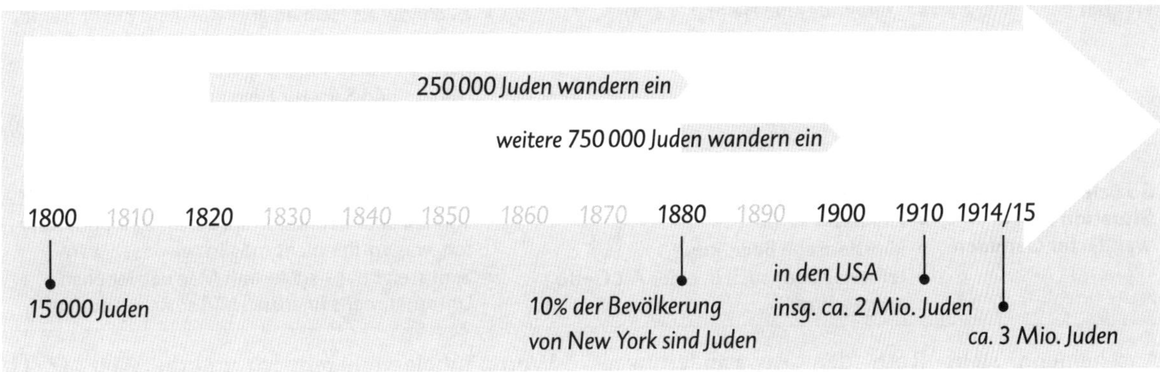

2 **Gründe:**

- Gewalt gegen Juden unter Zar Alexander III. (1845–94)
- offen judenfeindliche Politik
- Verordnungen gegen Juden
- rund 100 Schtetl zerstört
- Gewalt brach immer wieder aus
- Hoffnung auf materiellen Aufstieg

Wege der Auswanderung:

- Deutschland als Ausreise- bzw. Durchreiseland
- Start von Häfen in Hamburg und Bremen
- hoher Profit für Transporteure
- Emigranten auch im Frachtraum transportiert
- in Hochzeiten Entlausung an der Grenze zu Deutschland und Transport in Güterwaggons zum Hafen, Unterbringung in Baracken

Lebenssituation:

- meist zunächst arm
- verstanden es oft aber, in der schnell wachsenden Wirtschaft eigene Unternehmen zu gründen und Wohlstand zu erlangen
- oft aber auch anhaltende Armut
- billige Arbeiter, Leben in Mietskasernen
- doch auch diesen gelang nicht selten ein hart erarbeiteter Aufstieg

3 Joseph Roths literarische Gestaltung der Ausreise und des Ankommens spiegelt seinen guten Informationsstand als Journalist wider. Zwar reisen die Singers nicht aufgrund direkter Gewalttaten aus, aber die Erinnerung daran ist Mendel präsent: Als Mirjam sich mit Kosaken einlässt, die in der Vergangenheit das jüdische Volk drangsaliert haben, beschließt er, mit seiner Familie zu emigrieren. Die Ausreise läuft auch im Roman über Deutschland ab, das Warten in den Baracken wird ebenfalls thematisiert.

Nach der Ankunft in New York ist die soziale Stellung der Singers nicht wesentlich besser als im Schtetl, allerdings nimmt Sam, der ja bereits vorher ausgewandert ist, den Weg der Assimilation und wird erfolgreicher Geschäftsgründer.

M 22 Einen journalistischen Textauszug von Joseph Roth mit dem Roman vergleichen

1

Aspekt	Auszug aus „Juden auf Wanderschaft“	Roman „Hiob“
Motivation für die Auswanderung	• Trieb • ungenaue Motivation • Ruf eines (erfolgreichen) Verwandten • „Enge der Heimat“ (Z. 5) • Absicht, Welt zu entdecken, sich zu entfalten	• Ruf Schemarjahs • Mirjams sexueller Umgang mit Kosaken
Heimat	• „nirgends eine Heimat“ (Z. 8)	• Zuchnow als Heimat, aber Russland bleibt fremd, dennoch bezeichnet sich Mendel als russ. Jude • nach der Auswanderung werden die USA für Mirjam und Sam zur Heimat, für Deborah trifft dies nur teilweise zu (Sehnsucht nach Menuchim), für Mendel bleiben die USA fremd
Soziale/finanzielle Situation ausgewanderter Ostjuden	• Reichtum • Einfluss • künstlerische Bedeutung • teilweise aber auch in einer Art Getto ausgegrenzt	• Mendel und Deborah wohnen weiterhin ärmlich, können aber in unterschiedlichen Zimmern schlafen, was vorher nicht möglich gewesen wäre • Sam steigt dank seines mit Mac betriebenen Unternehmens finanziell und sozial weiter auf

2 Anscheinend steht Roth den Auswanderungen skeptisch gegenüber, so wie der Erzähler im Roman auch die Assimilation von Schemarjah und von Juden aus dem Umfeld der Singers kritisch schildert. Zwar zählt Roth auch positive Aspekte auf, aber die Worte: „Viele verlieren sich und die Welt“ (Z. 11) und die Darstellung der Auswanderung als „sich opfern“ (Z. 16) zeigen deutliche Vorbehalte Roths gegen die Emigration von Ostjuden.

M 23 Drei Textauszüge zur Ankunft in den USA hinsichtlich der Symbolik vergleichen

1 **Bezug: Freiheitsstatue**

Hiob:
- hier wird das Symbol der Freiheit als „im Innern hohl“ (Z. 6 f.) beschrieben
- die Symbolkraft der Statue wird auf „Kunststücke“ (Z. 12) reduziert
- wird zum Symbol einer nur scheinbaren Freiheit

Das blaue Mal:
- vom Symbol der Freiheit zum Bauwerk ohne weitere Symbolfunktion verkommen (vgl. Z. 10 ff.)

Der Verschollene:
- als „Freiheitsgöttin“ (Z. 7) bezeichnet: erscheint in hellerem Licht, um sie wehen „die freien Lüfte“
- durch Ausgestaltung des Erzählers deutlich bedrohlich wirkendes Symbol der Freiheit: der Arm mit Fackel wird hier sogar zum Arm mit Schwert (vgl. Z. 8 ff.)

Bezug: Voraussetzungen und Erwartungen

Hiob:
- Furcht vor Weite
- Singers wirken unvorbereitet, ängstlich
- schlechte Voraussetzungen

Das blaue Mal:
- erwartungsvoll, angespannt
- sieht Stadt als Ort des Überlebenskampfes
- beherrscht Sprachen, wurde gut erzogen, ist anscheinend intelligent

Der Verschollene:
- anscheinend vermögende Eltern (s. Dienstmädchen)
- alleine auf dem Weg in die USA
- mit 16 Jahren ein junger Auswanderer
- Statue wirkt anscheinend einschüchternd auf Karl (vgl. Z. 11 ff.)
- zögerlich beim Verlassen des Schiffes

2 In allen drei Textauszügen blicken die Figuren mit banger Erwartung in eine ungewisse Zukunft. Die Freiheit Amerikas wirkt jeweils eher abschreckend und teilweise sogar gefährlich, denn die Voraussetzungen sind bei den Figuren Roths und Kafkas mehr oder weniger schlecht. In Bettauers Text wird die verheißene Freiheit als Freiheit des Gegeneinanders, Amerika also als Ort eines stetigen Kampfes um den sozialen Aufstieg wahrgenommen.

M 24 Theodizee – Was ist das?

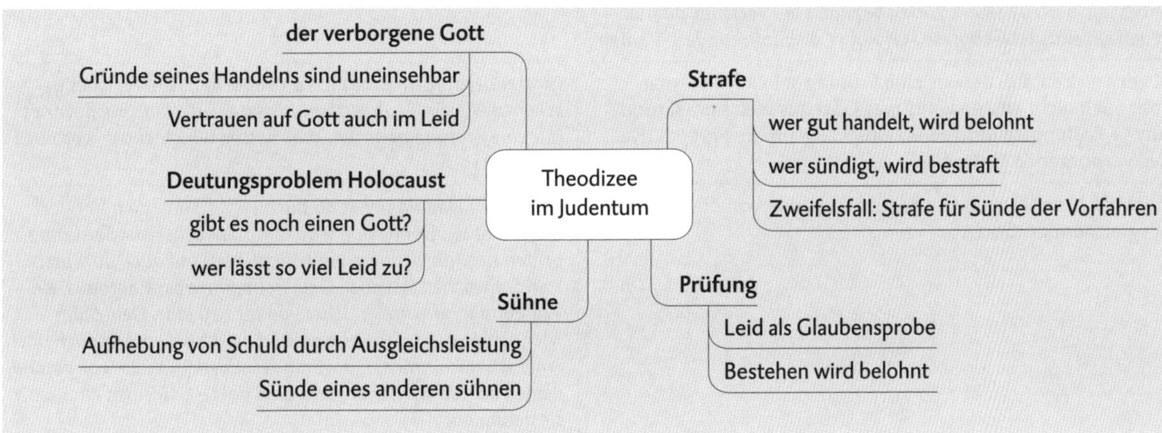

M 25 Hiob und Mendel vergleichen – Die Ausgangssituation

Ausgangslage Mendels vor den Todesfällen

- Armut, Abhängigkeit von Sam
- unglückliche Ehe
- Leben in der Fremde
- Familie getrennt: Jonas und Menuchim sind noch in Russland

Ausgangslage Hiobs vor Prüfung des Glaubens

- opfert regelmäßig, um eventuelle Sünden der Kinder zu sühnen
- ist enorm vermögend
- seine Kinder laden sich gegenseitig ein → anscheinend intakte Beziehungen

M 26 Die Gespräche Mendels und Hiobs mit ihren Freunden

1 *(Mendel) Gott ist grausam, und je mehr man ihm gehorcht, desto strenger geht er mit uns um. Er ist mächtiger als die Mächtigen, mit dem Nagel seines kleinen Fingers kann er ihnen den Garaus machen, aber er tut es nicht. Nur die Schwachen vernichtet er gerne. Die Schwäche eines Menschen reizt seine Stärke, und der Gehorsam weckt seinen Zorn. Er ist ein großer grausamer Isprawnik. Befolgst du die Gesetze, so sagt er, du habest sie nur zu deinem Vorteil befolgt. Und verstößt du nur gegen ein einziges Gebot, so verfolgt er dich mit hundert Strafen.*	Er betrachtet Gott als einen Willkürherrscher, der grausam quält und besonders die Schwachen niederdrückt.
R. verweist darauf, dass es eine Prüfung sein könnte, man aber auch nicht wissen kann, was Gott aus welchem Grund tut. → Prüfungstheodizee und Rückzug auf die Perspektive des verborgenen Gottes	*(Rottenberg) [E]rinnere dich an Hiob. Ihm ist Ähnliches geschehen wie dir. […] Auch er lästerte Gott. Und doch war es nur eine Prüfung gewesen. Was wissen wir, Mendel, was oben vorgeht? […]*
Gott hat Mendel auch Gutes getan. → Idee von einem ausgleichenden Gott	*(Groschel) Und da siehst du auch […] [,] daß dein Vorwurf ungerecht ist. Denn Hiob war kein Schwacher, als Gott ihn zu prüfen begann, sondern ein Mächtiger. Und auch du warst kein Schwacher, Mendel! Dein Sohn hatte ein Kaufhaus, ein Warenhaus, er wurde reicher von Jahr zu Jahr. Dein Sohn Menuchim wurde beinahe gesund, und fast wäre er auch nach Amerika gekommen. Du warst gesund, dein Weib war gesund, deine Tochter war schön, und bald hättest du einen Mann für sie gefunden!*
(Mendel) Warum zerreißt du mir das Herz, Groschel? […] Warum zählst du mir auf, was alles gewesen ist, jetzt, da nichts mehr ist? Meine Wunden sind noch nicht vernarbt, und schon reißt du sie auf.	Der Hinweis auf das, was er hatte, schmerzt Mendel.
	(Die übrigen drei) Er hat recht[.]
R. erinnert an das Zurücklassen Menuchims und verweist hier auf die Möglichkeit einer Straftheodizee: Mendel hätte sich somit einer Sünde schuldig gemacht.	*(Rottenberg) Dein Herz ist zerrissen, Mendel, ich weiß es. Weil wir aber über alles mit dir sprechen dürfen und weil du weißt, daß wir deine Schmerzen tragen, als wären wir deine Brüder, wirst du uns da zürnen, wenn ich dich bitte, an Menuchim zu denken? Vielleicht, lieber Mendel, hast du Gottes Pläne zu stören versucht, weil du Menuchim zurückgelassen hast? Ein kranker Sohn war dir beschieden, und ihr habt getan, als wäre es ein böser Sohn.*
(Mendel) Und was willst du mit dem Beispiel Hiobs? Habt ihr schon wirkliche Wunder gesehen, mit euren Augen? Wunder, wie sie am Schluß von Hiob berichtet werden? Soll mein Sohn Schemarjah aus dem Massengrab in Frankreich auferstehen? […] Soll mein Sohn Menuchim mitten im Krieg aus Rußland hierher kommen, gesetzt den Fall, daß er noch lebt? Denn es ist nicht richtig […] [,] daß ich Menuchim böswillig zurückgelassen habe und um ihn zu strafen. Aus andern Gründen, meiner Tochter wegen, die angefangen hatte, sich mit Kosaken abzugeben – mit Kosaken –, mußten wir fort. Und warum war Menuchim krank? Schon seine Krankheit war ein Zeichen, daß Gott mir zürnt – und der erste der Schläge, die ich nicht verdient habe.	Zunächst fragt Mendel nach sichtbaren Beweisen für das Handeln Gottes. Seine rhetorischen Fragen verraten seinen fundamentalen Zweifel an Gottes Fürsorge. Mirjam sei der Grund gewesen, warum man fortgehen und Menuchim zurücklassen musste. Bereits die Krankheit Menuchims sieht Mendel als ungerechte Strafe für sich an.

Menkes gibt zu bedenken, dass die Welt der Wunder nicht mehr wert sei. Die Sünden der anderen würden verhindern, dass Gott bei Mendel Wunder vollbringt. Ungerechte dürfen Wunder nicht sehen und deswegen könne Gott nur noch mäßige Wunder geschehen lassen. Menkes betont die Gründe für eine optimistische Sichtweise und appelliert an Mendel, die Rolle des liebenden Großvaters zu übernehmen. → Sühnetheodizee, aber Vorstellung eines mäßige Wunder vollbringenden Gottes	*(Menkes) Obwohl Gott alles kann [...] [,] so ist doch anzunehmen, daß er die ganz großen Wunder nicht mehr tut, weil die Welt ihrer nicht mehr wert ist. Und wollte Gott sogar bei dir eine Ausnahme machen, so stünden dem die Sünden der andern entgegen. Denn die andern sind nicht würdig, ein Wunder bei einem Gerechten zu sehn, und deshalb mußte Lot auswandern, und Sodom und Gomorrha gingen zugrunde und sahen nicht das Wunder an Lot. Heute aber ist die Welt überall bewohnt – und selbst wenn du auswanderst, werden die Zeitungen berichten, was mit dir geschehen ist. Also muß Gott heutzutage nur mäßige Wunder vollbringen. [...] Deine Frau Deborah kann nicht lebendig werden, dein Sohn Schemarjah kann nicht lebendig werden. Aber Menuchim lebt wahrscheinlich, und nach dem Krieg kannst du ihn sehn. Dein Sohn Jonas ist vielleicht in Kriegsgefangenschaft, und nach dem Krieg kannst du ihn sehn. Deine Tochter kann gesund werden, die Verwirrung wird von ihr genommen werden [...]. Und einen Enkel hast du, den Sohn Schemarjahs. Nimm deine Liebe zusammen, die du bis jetzt für alle Kinder hattest, für diesen einen Enkel! Und du wirst getröstet werden.*
(Mendel) Zwischen mir und meinem Enkel [...] ist das Band zerrissen, denn Schemarjah ist tot, mein Sohn und der Vater meines Enkels. Meine Schwiegertochter Vega wird einen andern Mann heiraten, mein Enkel wird einen neuen Vater haben, dessen Vater ich nicht bin. Das Haus meines Sohnes ist nicht mein Haus. Ich habe dort nichts zu suchen.	Mendel beruft sich auf Schemarjahs Tod und darauf, dass dessen Witwe Vega erneut heiraten wird, er also nicht in dessen Haus leben sollte. Die Verantwortung für seinen Enkel weist er von sich.
(Mendel) Meine Anwesenheit bringt Unglück, und meine Liebe zieht den Fluch herab, wie ein einsamer Baum im flachen Felde den Blitz. Was aber Mirjam betrifft, so hat mir der Doktor selbst gesagt, daß die Medizin ihre Krankheit nicht heilen kann. Jonas ist wahrscheinlich gestorben, und Menuchim war krank, auch wenn es ihm besser ging. Mitten in Rußland, in einem so gefährlichen Krieg, wird er bestimmt zugrunde gegangen sein. Nein, meine Freunde! Ich bin allein und ich will allein sein. Alle Jahre habe ich Gott geliebt, und er hat mich gehaßt. Alle Jahre habe ich ihn gefürchtet, jetzt kann er mir nichts mehr machen. Alle Pfeile aus seinem Köcher haben mich schon getroffen. Er kann mich nur noch töten. Aber dazu ist er zu grausam. Ich werde leben, leben, leben.	Des Weiteren sieht er sich als denjenigen, der das Unglück anzieht. Die optimistischen Gedanken Menkes' versucht er mit begründeten Argumenten abzuwehren. Abschließend stellt er fest, dass Gott ihm nichts mehr anhaben könne, da ihn bereits alle möglichen Schicksalsschläge getroffen hätten und der Tod, der anscheinend eine Erlösung für Mendel wäre, von Gott nicht zu erwarten sei, da dieser grausam sei.
G. sorgt sich darum, dass Mendels Verhalten im Jenseits bestraft wird. → Straftheodizee	*(Groschel) Aber seine Macht [...] ist in dieser Welt und in der andern. Wehe dir, Mendel, wenn du tot bist!*
(Mendel) Ich habe keine Angst vor der Hölle, meine Haut ist schon verbrannt, meine Glieder sind schon gelähmt, und die bösen Geister sind meine Freunde. Alle Qualen der Hölle habe ich schon gelitten. Gütiger als Gott ist der Teufel. Da er nicht so mächtig ist, kann er nicht so grausam sein. Ich habe keine Angst, meine Freunde.	Die Aussicht auf eine Hölle fürchtet Mendel nicht, da er sein Leben als größte Qual ansieht und der Teufel nicht so viel Macht wie Gott habe, insofern auch nicht so stark quälen könne.

2

Elifas: Er argumentiert mit mehreren Gedankengängen. Zunächst geht er auf den Gedanken einer Prüfungs-Theodizee ein, anschließend fragt er im Sinne der Straf-Theodizee: „Wo ist ein Unschuldiger umgekommen?" Für eine Zurechtweisung durch Gott solle man dankbar sein. Es würden auch bessere Zeiten kommen; Gott gleiche Gutes und Schlechtes aus.	**Bildad:** Er argumentiert, dass wenn Hiob frei von Schuld ist, Gott ihm helfen wird. Der Gläubige wird Bildad zufolge von Gott nicht im Stich gelassen. Den Sünder trifft dagegen die Strafe (Straf-Theodizee).	**Zofar:** Er argumentiert damit, dass Hiob keine Einsicht in Gottes Handeln und Pläne hat. Der Mensch sei zu gering, als dass er Gottes Weisheit erfassen könnte.

3 Auch hier fällt die Ähnlichkeit der Ausgestaltung von Bibelstelle und Roman auf. Groschel und Elifas vertreten die Sicht eines Gottes, der zwar straft, aber gerecht ist. Rottenberg und Zofar werfen beide die Frage auf, inwiefern man überhaupt Einsicht in Gottes Walten haben kann. Bildad vertritt deutlich die Vorstellung eines gerecht strafenden Gottes. Langfristig stelle sich das Wohl für die gottgefällig Lebenden ein. Auch Menkes formuliert, neben dem Gedanken einer Sühnetheodizee, eine optimistische Sichtweise bzw. appelliert, eine solche einzunehmen.

4 **Parallelen:** Die Ausgestaltung der Antworten Mendel Singers ist deutlich von der Rede Hiobs beeinflusst. Wie Mendel fragt Hiob nach dem Grund für Gottes Handeln. Dabei wird die Grausamkeit Gottes hervorgehoben (vgl. Z. 25 ff.). Wie Mendel sehnt Hiob offenbar den Tod herbei (vgl. Z. 7 ff.), wobei Mendel noch einen Schritt weitergeht und behauptet, Gott lasse ihn aus Grausamkeit nicht sterben. Auch Hiob betont, dass er „unschuldig" (Z. 32) ist, ein Standpunkt, den Mendel insofern vertritt, dass er Gottes Strafen für ungerechtfertigt hält. Ebenso wird Gottes Willkürmacht von Hiob betont, unter der auch Unschuldige leiden müssen (vgl. Z. 35 ff.).
Unterschiede: Während Mendel nach den Wundern Gottes fragt, stellt Hiob fest, dass er „Wunder [tut], die nicht zu zählen sind." (Z. 15) Zudem vertritt Hiob die Ansicht, dass Gott unterschiedslos und gleichmütig töte (vgl. Z. 34), wohingegen Mendel davon überzeugt ist, dass Gott ihn persönlich hasst.

M 27 Hiob und Mendel vergleichen – Der Ausgang der Geschichte

1

Vergleichsaspekt	Joseph Roth: Hiob	Das Buch Hiob
Charakter des Endes (Happy End, abgeschlossenes oder offenes Ende …)	Offenes Ende: Es bleibt offen, ob Mendel Singer stirbt, indem er friedlich einschläft, oder weiterlebt; allerdings wird Mendels Glücksempfinden in diesem Augenblick betont.	Geschlossenes Ende, das eindeutig positiv besetzt ist
Rolle der Kinder und Kindeskinder	Das Foto von Menuchims Familie erfüllt Mendel mit Zuversicht, die Enkeltochter ruft die Erinnerung an die junge Deborah in ihm wach; auch seine eigenen Kinder Jonas und Mirjam rücken wieder in Mendels Bewusstsein, allerdings wird Schemarjah nicht mehr erwähnt	Sind für Hiob die Personen, die zu seinem Glück beitragen und auch anscheinend selbst glücklich sind
Länge und Ende des Lebens	Fraglich, allerdings erinnern die Vorstellungen Mendels vor dem Einschlafen an die Bibelgeschichte. Neben den verloren geglaubten Kindern Jonas und Mirjam sieht er „neue Kinder", die seine Enkelkinder sind. Hiob erhält von Gott am Ende der biblischen Geschichte neue Kinder. Beide befinden sich also im Kreis ihrer Kinder und Kindeskinder: bei Hiob als reales Geschehen, bei Mendel als Fantasie.	Unnatürlich langes Leben, das für Hiob in Zufriedenheit endet

2 Eine mögliche Deutungsvariante in Bezug auf die Theodizee wäre es, in **Mendels Leid** einen Aspekt der Strafe zu sehen. Die tragischen Ereignisse wären dann ein Hinweis Gottes für Mendel, seinen weltabweisenden, streng-orthodoxen Glauben an die Welt anzupassen. Bezeichnenderweise fährt er am Feiertag mit seinem Sohn im Auto mit etc. Die provokante Übertretung von Ritualgeboten wird anscheinend nicht bestraft. Gottes Walten lenkt Mendel also spät auf einen guten Weg. Man könnte auch mit dem verborgenen Gott argumentieren, dessen Pläne und Absichten sich dem menschlichen Verstand entziehen.

In der **biblischen Geschichte** findet deutlicher eine Prüfungstheodizee statt, denn Hiob sind keine Vergehen gegen Gott nachzuweisen. Die Treue Hiobs wird von Gott auch belohnt. Dennoch beruft sich die biblische Hiobsgeschichte auch auf den Aspekt des verborgenen Gottes, dessen Walten für den Menschen nicht nachvollziehbar ist.

M 28 Zwei Ansichten zu Roths Hiob-Bezügen vergleichend beurteilen

Während Norbert Oellers deutlich eine Schuld Mendel Singers in dessen Verhalten sieht, zieht Hans Joachim die Parallele zum biblischen Hiob und sieht damit in Mendel einen unschuldig Gestraften. Die Anlage des Romans macht allerdings in den Unterschieden zwischen dem biblischen Hiob und Mendel Singer deutlich, dass Mendel durch sein jenseitsorientiertes Verhalten an der Welt vorbeilebt. In seiner Schicksalsgläubigkeit drückt sich Mendel vor der eigenen Verantwortung im Leben, indem er sich auf die Idee beruft, dass Gott es so will. Mit dieser Einstellung schadet er sich und seiner Familie. Es mutet tragisch an, dass Menuchim bereits als Kleinkind von einem Arzt mitgenommen werden soll, aber Mendel dies untersagt. Dabei wird Menuchim eben nicht durch ein Wunder, sondern durch den medizinischen Fortschritt geheilt. Dass seine Kinder sich von ihm abwenden, seinen Glauben in der orthodoxen Form nicht teilen, ist ebenfalls eine deutliche Wertung. Insofern greift Hans Joachims Aussage zu kurz.

M 29 Ein soziologisches Modell der Assimilation auf den Roman anwenden

1

Phasen	Kurzbeschreibung der Phase
Phase 1	Umorientierung tradierter Verhaltensmuster in Richtung normativ maßgeblicher Muster der Mehrheitskultur
Phase 2	Strukturelle Assimilation durch Aufnahme von direkten Kontakten mit Mitgliedern der Mehrheitskultur (Eintritt in Institutionen des Aufnahmesystems)
Phase 3	Assimilation in Ehe-Gemeinschaften; inter-ethnische Ehegemeinschaften; Verschmelzung mit der Mehrheitskultur
Phase 4	Identifikationale Assimilation; ausschließliches Zugehörigkeitsgefühl zur Aufnahmegesellschaft
Phase 5	Vollständiges Ausbleiben od. Überwindung von Vorurteilen
Phase 6	Assimilation auf der Einstellungs- und Verhaltensebene
Phase 7	Überwindung von Wert- und Machtkonflikten

=> Modell darstellen und anwenden:

exemplarische Anwendung auf literar. Figuren des Romans

(sehr) gut

- Phasen rekonstruiert und korrekt dargestellt
- zentrale Figuren (Mendel, Deborah, Menuchim und eine weitere Figur) begründend zugeordnet

ausreichend

- Phasen in Ansätzen dargestellt
- Anwendung auf mind. 2 Figuren

2

Mirjam	Phase 7	Begründung	• arbeitet bei Sam • ist zunächst mit Mac liiert, beginnt dann eine Affäre • nimmt Kulturangebote wahr • sieht Amerika wie Sam als Vaterland
Jonas	Phase 4 oder 7	Begründung	• es bleibt unklar, ob er trotz Vorurteilen gegenüber Juden völlig assimiliert ist • allerdings unterliegt er keinen Wert- und Machtkonflikten
Schemarjah	Phase 7	Begründung	• führt Ehe mit Vega; es ist unklar, ob sie Jüdin ist (der Name stammt aus dem Arabischen) • Namensänderung zu Sam • lebt den American Way of Life • zieht für sein emotionales Vaterland (USA) in den Krieg
Deborah	Phase 2	Begründung	• Kontakte mit der amerikanischen Kultur • in Sorge um Menuchim und deswegen nicht völlig assimiliert • viele alte Verhaltensweisen bleiben stabil
Menuchim	Phase 7	Begründung	• ebenfalls verheiratet • in dem von ihm selber erzählten Rückblick wirkt er in Russland assimiliert, aber auch in den USA eweist er sich im Verhalten und Umgang mit der Mehrheitskultur sicher → evtl. Prototyp eines Weltbürgers? • seine figurale Ausgestaltung als Erlöser wirkt, als stünde er über dem Assimilationsbegriff
Mendel	Phase 1	Begründung	• er lernt zwar einige Ausdrücke seiner neuen Umgebung, erkennt Strukturen und arbeitet auch nicht mehr als Bibellehrer • aber: seine Kontakte bleiben jüdisch • behält bis zum Bruch mit Gott seine Gewohnheiten bei • Annäherungen an die US-Kultur sind aus seiner Sicht bewusste Provokationen gegen Gott • empfindet sich als russischer Jude

3 Grundsätzlich ist das Modell für die Aufgabe geeignet, allerdings lässt sich die Unterscheidung der Stufen nicht immer exakt auf die Figuren übertragen. Trotz einer fehlenden inter-ethnischen Ehe kann ein extrem hoher Grad an Assimilation vorhanden sein. Des Weiteren fehlen im Roman teilweise die Angaben, ob die Figuren die Vorurteile überwinden. Trotz ähnlicher Assimilationsgrade der Kinder Mendels nimmt Menuchim eine Sonderrolle ein, die sich nicht mithilfe des Assimilationsbegriffs beschreiben lässt. Eine Grobbestimmung ist also möglich und sinnvoll, dennoch erlaubt die Romanvorlage nicht immer eine eindeutige Zuordnung zu den Phasen des Modells.

M 30 Interpretationsansätze vergleichen und beurteilen

1

Harald Hartung	Fritz Hackert
• sieht den Roman als epischen Gottesbeweis • hat den Eindruck, als würde ein verborgener Erzähler nach Gott suchen • bevorzugt eine autobiografische Lesart • stellt aufgrund der Leiden Roths im Privaten den Bezug zwischen dem Autor und dem biblischen Hiob sowie zu Mendel Singer her • der Roman als Versuch, eigene Schuld zu büßen • in der Biografie Roths bleibt dieses Wunder allerdings aus	• sieht den Roman als Absage an eine weltabgewandte Glaubensrichtung – hier an die ostjüdische Getto-Mentalität • Verstoß gegen Rituale Mendels wird als Gruß an die Welt betrachtet • Erfahrung, dass man sich nicht vom Leben abschotten sollte, als Erlösung Mendels • das Ende deutet Hackert so, dass Mendel Singer seine Hoffnungen mit in seine Träume nimmt

2 Beide Interpretationsansätze haben ihre Berechtigung. Textimmanent ist die **Variante Hackerts** besonders nachvollziehbar. Mendels passives, schicksalsgläubiges und auf Rituale fixiertes Leben erweist sich als verfehlt: Die Chance auf eine frühzeitige Behandlung Menuchims wird vertan, Mendels Kinder und Frau wenden sich von ihm ab, er überreagiert auf Mirjams sexuelle Kontakte mit Kosaken, er verschließt sich sowohl vor der russischen als auch der amerikanischen Kultur. Erst am Schluss, unter dem Eindruck von Menuchims Wiederkehr, wendet er sich offen dem Leben zu.

Die biografische Lesart (**Hartung**) lässt sich angesichts von Roths leidvollem Leben auch logisch sinnvoll begründen; allerdings unterscheiden sich die Schicksalsschläge in Mendels Leben von Roths Leid (selbstzerstörerischer Lebenswandel mit Alkoholabhängigkeit und Tod durch einen kalten Entzug).

⇒ Vergleich der Interpretationsansätze und eigene Beurteilung

(sehr) gut

- umfassende Darstellung der Interpretationsansätze
- Benennen der Ansätze als textimmanent und biografisch
- eigenständige Beurteilung des Romans unter Hinzuziehung der weiteren, relevanten Figuren

ausreichend

- sachlich korrekte Darstellung der bd. Ansätze
- Unterscheidung der beiden Ansätze
- eigene Beurteilung auf Grundlage eines der beiden Ansätze

Schritt für Schritt zur Klausur

Musterklausur 1

Teilaufgabe 1

1 In der ersten Teilaufgabe soll zum einen der Umgang der Amtsangehörigen mit Mendel Singer und zum anderen dessen Reaktion auf dieses Verhalten schwerpunktmäßig analysiert werden.

2 Eine mögliche Deutungshypothese könnte lauten: Im vorliegenden Romanausschnitt wird Mendel Singers lebensfremde Weltabgewandtheit am Beispiel seines Umgangs mit einer russischen Behörde verdeutlicht.

3

Türsteher

- Auffällig ist die metonymische Reduktion des Türstehers auf die Bezeichnung „der blaue Mann" (Z. 11 f.) → die Betonung der Uniform lässt zugleich seine menschlichen Züge zurücktreten
- Der Türsteher „rief" (Z. 11): Der Umgang mit Mendel Singer ist einschüchternd
- Verwendung des Imperativs durch den Türsteher: „setz dich!" (Z. 12), „Paß auf!" (Z. 32)
- Die Gedankenwiedergabe des Türstehers in erlebter Rede (vgl. Z. 26 f.) verrät sein Misstrauen
- Deutlich komplementäre Gesprächssituation im Umgang mit Mendel: Dominanz – Unterordnung

Beamter

- Beamter duzt Mendel sofort und beginnt, ohne Begrüßungsformel mit ihm zu sprechen (vgl. Z. 35)
- Dabei schreit er Mendel an (vgl. ebd.)
- Die ruppige Stimmlage wird auch durch die Metapher des Erzählers deutlich: „polterte eine Stimme aus der Büste." (Z. 42 f.)
- Zwar wird der Beamte aufgrund der Hinweise auf die Armut Mendels (seine Kleidung) etwas milder (vgl. Z. 52 f.), jedoch zeigen die Inquit-Formeln einen unhöflichen Ton gegenüber Mendel: „befahl er" (Z. 53)
- Der Beamte verwendet auch weiterhin den Imperativ
- Selbst als er „lächelt" (Z. 57 f.), folgt die direkt appellative Äußerung: „Her mit den Papieren!" (Z. 59)
- Auch die Frage nach dem Gesuch ist in der Verkürzung ein deutlicher Ausdruck von Verachtung des Gegenübers auf kommunikativer Ebene (vgl. Z. 70 f.)
- Des Weiteren beschimpft der Beamte Mendel: „du Tepp" (Z. 74), „du Esel" (Z. 79)
- Danach folgt ein dreifacher Imperativ: „geh", „Schreib", „Sag" (Z. 80)
- Auch hier wird eine komplementäre Kommunikationssituation angelegt, die noch deutlicher ist als bei der Beziehung zwischen Mendel und Türsteher

Schreiber

- Bezeichnenderweise erwähnt der Erzähler, dass es sich um einen gewöhnlichen Beamten (vgl. Z. 94) handelt, denn erneut wird Mendel Singer (implizit) geduzt und im Imperativ angesprochen: „Komm her" (Z. 104)
- Ohne Höflichkeitsformel verlangt er von Mendel Singer Geld (vgl. Z. 106), dabei entgeht Mendel, dass der Schreiber eine kleine Bestechung erwartet (vgl. Z. 108 ff.)
- Eines der Dokumente zerreißt er „wie unabsichtlich" (Z. 115), also nicht aus Versehen, sondern um Mendel zu schikanieren
- Man gewinnt den Eindruck, dass die nachfolgenden Versuche, das Dokument wiederherzustellen (vgl. Z. 119 ff.), nur Mittel sind, um doch noch an die 50 Kopeken zu gelangen

4 ☒ es sich um eine groteske Situation handelt.

Die Darstellung des Beamten wirkt auf den Leser irritierend; metaphorisch wird er entmenschlicht, sein militärisches, starres Aussehen betont. Die Situation wirkt dadurch bedrohlich.

5 Durch diesen Einschub wird zunächst ein sadistischer Zug im Charakter des Beamten angedeutet. Die Verstümmelung der Fliege dient ihm zur Unterhaltung, er sieht „noch ein bißchen zu", wie sich das Insekt quält. Damit werden zuvor positive Aussagen über den Beamten – er wird beim Anblick von Mendels Kleidung milder und lächelt – wieder relati-

viert. Während zunächst nicht ganz klar ist, ob der Beamte aufmunternd lächelt oder über Mendels extreme Devotion amüsiert ist, erscheint sein Lächeln nach seiner Tierquälerei wenig menschenfreundlich. Die Situation mit der Fliege deutet an, wie der Beamte die Begegnung mit Mendel betrachtet. Während Mendel Ängste durchleidet, hat das Gespräch für den Beamten – wie das Ausreißen der Flügel – Unterhaltungscharakter. Auch Mendel befindet sich in der „riesigen Faust" des Beamten, ist also dessen Macht ausgeliefert.

6 **Handlungen:**

- drückt sich nach der Aufforderung des Türstehers an die Wand (vgl. Z. 13 ff.)
- verbeugt sich vor dem Beamten (vgl. Z. 43)
- entschuldigt sich (vgl. Z. 72 f.)
- verneigt sich und geht rückwärts zur Tür (vgl. Z. 85 ff.) und versucht dann, hektisch die Tür zu öffnen und den Raum zu verlassen (vgl. Z. 90 ff.)

Gedanken / Wünsche:

- „Wunsch, so flach zu werden wie die Mauer" (Z. 14 f.)
- plant in Gedanken schon seine Flucht und überlegt, dass Deborah beim nächsten Mal fahren muss (vgl. Z. 18 ff.)
- will „winzig werden, dem Erdboden gleich, wie wenn er von einem Gewitter auf freiem Felde überrascht worden wäre" (Z. 46 ff.)
- der Weg zur Tür erscheint Mendel wie eine einstündige Wanderung (vgl. Z. 88)

7 Die Wünsche sind in **Vergleiche** eingebettet. So will Mendel mit der Wand verschmelzen, also so unscheinbar werden, dass er nicht mehr beachtet wird. Und bei der Konfrontation mit dem Beamten sehnt er sich danach, kleiner zu werden. Die Bedrohung wird **metaphorisch** als Gewitter beschrieben, vor dem er sich nur durch Schrumpfen schützen zu können glaubt. Jeder dieser Wünsche beinhaltet den Gedanken, nicht aufzufallen bzw. einer schlimmen Situation zu entgehen. Dabei wird deutlich, dass Mendel auch in seinen Wünschen jenes passive Verhalten zeigt, aus dem teilweise seine Probleme entstehen. Die sprachliche Ausgestaltung von Mendels Wünschen fügt sich damit nahtlos in seine Figurenzeichnung.

Teilaufgabe 2

8 aspektgeleitete Interpretation von Kafkas Parabel: Fokus liegt auf der Darstellung des Gerichts sowie dem Verhalten des Bruders; Vergleich der beiden Aspekte mit der Umsetzung in *Hiob*

9 ☒ Ich-ES

☒ Erzähler gehört zu den Figuren

☒ Innenperspektive an Sichtweise der Erzählerfigur gebunden

10 Der zentrale Unterschied liegt darin, dass im Roman *Hiob* ein auktorialer Erzähler von der Situation berichtet, auch wenn er sich teilweise nicht einmengt. Dabei wird deutlich, was die Figuren denken, die Motive für ihr Handeln werden teilweise beleuchtet. Durch die begrenzte Sicht der Ich-ES in der Parabel wird der Leser hier mehr in die irrationale Situation involviert.

11 Das Verhalten des Ich-Erzählers resultiert aus seiner Wahrnehmung des ankommenden Richters und seiner Gehilfen. Aufgrund einer Staubwolke kann der Bruder „nur die Spitzen der hohen Lanzen" (Z. 27), also die Bedrohung, erkennen. Auch die Beobachtung, dass die Amtspersonen „gleich die Pferde gewendet" (Z. 29) haben und sich auf den Weg zu dem Bruder und seiner Schwester machen, obwohl er davon ausgegangen ist, dass man das Handeln der Schwester sicher nicht sanktionieren werde, dürfte seine Verunsicherung steigern.

12 Zitat 1 und Kurzerläuterung b)
Zitat 2 und Kurzerläuterung c)
Zitat 3 und Kurzerläuterung a)

Die Tatsache, dass der Richter und sein Gehilfe die Abwesenheit der Schwester, die wahrscheinlich den Schlag ans Hoftor ausgeführt hat, „fast gleichgültig" hinnehmen, zeigt, dass sie keinen Wert darauf legen, den wahren Täter zu ermitteln. Dabei suchen sie offenbar nicht irgendein Opfer, sondern – und das mutet grotesk an – den Bruder, denn es scheint diesem, dass den beiden wichtig ist, dass „sie [ihn] [...] gefunden hatten". Auch die Beschreibung des Richters als „junger lebhafter Mann" weckt Zweifel an seiner Befähigung für das hohe Amt, das traditionell mit Weisheit und Erfahrung verbunden wird, weshalb in der Literatur häufig ein alter Mann die Richtergewalt innehat.

13 Die Äußerungen des Ich-Erzählers verraten seine zunehmende Gewissheit, dass er diesen Ort nicht mehr verlassen wird. Die rationale Hoffnung, freigesprochen zu werden, wird durch die forsche Bemerkung des Richters durchkreuzt (vgl. Z. 53). Dabei ist sich der Erzähler „über allem Zweifel" (Z. 54) sicher, die Äußerung im gemeinten Sinne verstanden zu haben. Die Verunsicherung zeigt sich dann auch deutlich in der Beschreibung der düsteren, unwirtlichen Bauernstube, der der Ich-Erzähler Eigenschaften eines Gefängnisses zuspricht (vgl. Z. 56 f.).

14

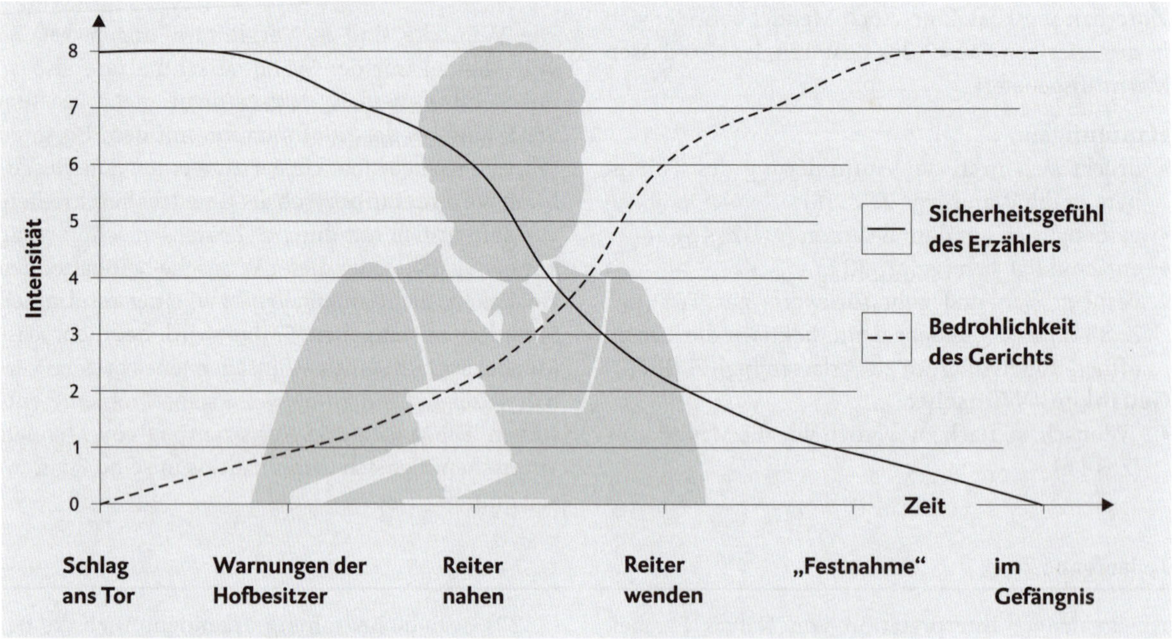

15 Die Frage des Erzählers steht zunächst im optativen Konjunktiv. Der Wunsch wird jedoch durch die nachfolgende Verwendung des Konjunktivs II in den Bereich des Irrealen verlagert, die Aussicht auf Entlassung ebenso. Die Correctio im zweiten Satz: „vielmehr, sie wäre es", wirkt besonders hart auf den Leser, da durch die Verwendung des Indikativs: „Das ist die große Frage", beim Leser zumindest eine kleine Hoffnung auf die Entlassung des Ich-Erzählers aufkommt, die sofort wieder zerstört wird.

16

Aspekte	*Hiob*	*Der Schlag ans Hoftor*
Beschreibung der Räumlichkeit der richterlichen Institution	spärliche Beschreibung lässt auf eine gut ausgestattete Behörde schließen (Zimmer des Beamten in Nr. 84 mit Teppich, marmornem Tintenfass)	düstere Bauernstube, die an ein Gefängnis erinnert und eine bedrohlich wirkende Ausstattung hat (Bett sieht wie Operationstisch aus)
Größe des Gerichts- bzw. Amtsapparats	große durchorganisierte Behörde mit viel Publikumsverkehr, zahlreichen Beamten in eigenen Sprechzimmern (Mendel muss in „Nummer 84"), einem Warteraum	nicht näher beschrieben; es gibt mehrere, mit Lanzen bewaffnete Reiter; besonders in Erscheinung treten der junge Richter und sein Gehilfe Aßmann; der Erzähler spricht von „Bauernvolk"
Verhalten des Amtspersonals	militärischer Befehlston: schreien Mendel an, erteilen Anweisungen; der Beamte beschimpft ihn, schickt ihn zum Schreiber, der eine Bestechung erwartet	es ist unklar, ob es zu einem richtigen Verfahren kommt; Ich-Erzähler wird abgeführt, in der Stube arretiert und scheinbar wie nebenbei verurteilt; Verhalten ist willkürlich: Verantwortliche scheinen Erzähler und nicht den eigentlichen Täter zu suchen

Aspekte	*Hiob*	*Der Schlag ans Hoftor*
Berechenbarkeit der Vorgänge	zwar durchschaut Mendel aufgrund seiner Weltfremdheit die Abläufe nicht, doch sind sie keineswegs unlogisch; selbst die Wünsche des Schreibers nach einer kleinen Bestechung scheinen ganz üblich zu sein	das Geschehen ist völlig irrational: ein Schlag an ein Tor gilt als Verbrechen, für das irgendein Unschuldiger ohne Verteidigung offenbar lebenslänglich eingesperrt wird
Verhalten des Bittstellers bzw. des Angeklagten	Mendel ist sehr ängstlich, lässt sich sofort einschüchtern, gibt sich ausgesprochen unterwürfig; er ist hilflos und völlig unerfahren im Umgang mit den Amtspersonen	anfangs ist der Ich-Erzähler selbstsicher, wird aber durch die Geschehnisse immer mehr eingeschüchtert, bis er zuletzt völlig verzweifelt jede Hoffnung auf Freiheit aufgegeben hat

17 **1.Teilaufgabe**

Einleitung

Joseph Roths 1930 erschienener Roman *Hiob* basiert auf den Einblicken des Autors als Jude und Journalist in den Kontrast von Ostjudentum und Moderne. Mit der Verknüpfung von beschreibenden und mythischen Passagen überführt Roth die biblische Hiob-Geschichte in die Moderne. Dabei wird das Ende des Romans in einer Mischung aus real möglicher Wendung, aber unwahrscheinlicher Ereignisabfolge ausgestaltet: Mendel Singer scheint nach der Wiedervereinigung mit seinem geheilten Sohn Menuchim trotz aller Verluste seinen Seelenfrieden mit der Welt und mit Gott gefunden zu haben.

Deutungshypothese

Immer wieder zeigt Mendel Singer im Roman seine Weltfremdheit und Unbeholfenheit, sobald er die Isolation des jüdischen Schtetls verlassen muss. Eben diese Unbeholfenheit, aber auch die schlechte Behandlung Mendel Singers als Ostjude – und, da Mendel laut dem Erzähler ein gewöhnliches jüdisches Leben führt, auch von Juden im Allgemeinen – werden im vorliegenden Romanausschnitt exemplarisch dargestellt und bis ins Groteske ausgestaltet.

Einordnung

Nach dem Unglück, dass Menuchim behindert zur Welt kommt, stellt das russische Militär, das auch jüdische junge Männer einberuft, Familie Singer vor das nächste Problem. Das Geld, um vor dem Militärdienst zu fliehen, reicht nur für einen Sohn: Schemarjah wandert in die USA aus und nennt sich Sam, Jonas wird Bauer und geht anschließend zum Militär. Als Mendel erfährt, dass seine Tochter Mirjam nicht nur gegen die geltende Sexualmoral verstößt, sondern dies auch noch mit Kosaken tut, die Mendel zu den Feinden der Juden zählt, beschließt er, das Angebot Sams wahrzunehmen und mit der Familie zu emigrieren. Dies bedeutet, dass Menuchim zurückbleiben muss, da er behindert und ihm somit die Einreise in die USA verwehrt ist. Um die nötigen Dokumente für die Ausreise zu erhalten, muss Mendel das Schtetl für kurze Zeit verlassen und Papiere bei der Behörde in Dubno beantragen. Da er des russischen Alphabets nicht mächtig ist und die Gepflogenheiten im Umgang mit russischen Behörden nicht kennt, fühlt er sich sehr unwohl. Nachdem ein Beamter seine Papiere zerrissen hat, wird ihm von anderen Juden Kaputrak empfohlen, ein Mann, der gegen Geldzahlung die Ausreisepapiere beschaffen soll. Dieser Empfehlung geht Mendel nach und reist nach Klärung der Formalien zurück ins Schtetl. Obwohl die Auswanderung glückt, wird sie für Mendel Singer zum großen Unglück. In den USA belastet Deborah und Mendel die Trennung von Menuchim sehr, zudem vermisst er die russische Heimat. Als Sam im Krieg für die USA umkommt, Deborah anschließend stirbt und Mirjam wahnsinnig wird, verliert Mendel seinen Glauben an einen guten Gott; erst durch das überraschende Wiedersehen mit Menuchim und die Hoffnung, Mirjam könnte doch noch genesen, ändert sich Mendels Gottesbild wieder.

Textanalyse

Mendel verliert seinen Platz

Die Beschreibung der Behörde in Dubno beginnt mit dem Hinweis auf den militärischen Charakter und die Anonymität innerhalb des Amts. Heißt es zunächst noch, dass ein „Mann in blauer Uniform“ (Z. 1) einen Namen ausruft und alle „Schläfer“ (Z. 2), also die Wartenden, kurz reagieren, wird der Mann später nur noch als „blauer Mann“ (Z. 11 f.) bezeichnet, wodurch die Uniform als zentrales Merkmal immer wieder betont wird. Als Mendel aufgrund der enormen Enge seinen Platz verliert, weil er kurz aufsteht, um sich zu strecken, wird der militärische Charakter der Einrichtung noch deutlicher. Ohne Grußformel, direkt im Imperativ und duzend fordert ein Mann in Uniform Mendel auf, Platz zu nehmen (vgl. Z. 11 f.).

Während Mendel sich eingeschüchtert zeigt, entwickelt er sogar den Wunsch, „so flach zu werden wie die Mauer" (Z. 14 f.). In Gedanken plant er bereits, dass die durchsetzungsstärkere Deborah beim nächsten Mal fahren muss, falls er jetzt nach Hause geschickt werde (vgl. Z. 18 ff.). Dass es sich bei der Strenge des Uniformierten nicht um Willkür, sondern um durchaus motiviertes Handeln handelt, wird dem Leser durch den Wechsel in die erlebte Rede verdeutlicht, in der sich die Sorge des Uniformierten vor Anschlägen auf die Behörde artikuliert (vgl. Z. 26 f.). Diese Sorge gerät Mendel zum Vorteil, er darf in das Zimmer des Beamten eintreten.

Mendel auf dem Höhepunkt der Angst

Dieser Beamte führt den Umgangston des Uniformierten in verschärfter Form fort. Während der Uniformierte gerufen hat, schreit (vgl. Z. 35) der Beamte. Die Beschreibung des Mannes erwähnt die Epauletten, wodurch erneut das Militärische, das Mendel als Jude gerne meidet, betont wird. Danach vergleicht der Erzähler den Mann, von dem hinter dem Schreibtisch nur der Oberkörper zu sehen ist, mit einer Büste (vgl. Z. 38 ff.), wodurch der Mann starr und abweisend wirkt. Gleich mehrere Fragen dringen auf Mendel ein, die Härte des Beamten wird durch die Metapher, dass „eine Stimme aus der Büste" (Z. 42 f.) poltert, in grotesker Brechung betont. Die Fragekaskade erinnert an einen „Donner" (Z. 45), der bei Mendel den Wunsch auslöst, „winzig [zu] werden" (Z. 46 f.). Die Gewitter-Metaphorik aufnehmend, schildert der Erzähler Mendels Wunsch mit einem weiterführenden Vergleich, der verdeutlicht, wie sehr Mendel dieser Behördengang verängstigt: Er bückt sich, „wie wenn er von einem Gewitter auf freiem Felde überrascht worden wäre" (Z. 47 ff.). Obwohl der Anblick Mendels in seiner devoten Haltung und mit seiner abgenutzten Kleidung „den Beamten milder" (Z. 52 f.) stimmt, bleibt dieser beim Modus des Imperativs (vgl. Z. 53, 59). Zwar wirkt es zunächst beruhigend, dass der „Beamte lächelte" (Z. 57 f.), doch erweist sich sein Lächeln als zweideutig. Der Umgang des Beamten mit einer Fliege verrät dessen sadistischen Charakter, da er dem Tier, quasi als Nebenbeschäftigung zu seinen Gedankengängen, die Flügel ausreißt und das „verkrüppelte Insekt" (Z. 68) dann noch kurzzeitig beim Überlebenskampf beobachtet. Anscheinend, so lässt es die Fliegenepisode vermuten, hängt das Vorgehen des Beamten gegenüber Bittstellern davon ab, welchen Unterhaltungsgrad sie für den Beamten haben. Dass Mendel Singer kein Gesuch mitgebracht hat, beweist seine fehlenden Kenntnisse im Umgang mit Behörden und gibt zudem dem Beamten Gelegenheit, seine Machtstellung zu demonstrieren. Dieser geht dazu über, Mendel als „Tepp" (Z. 74) und als „Esel" (Z. 79) zu beschimpfen. Der Beamte findet eventuell sogar Gefallen am unbeholfenen Verhalten seines Gegenübers; einerseits stellt er mit seinen Erklärungen eine deutlich komplementäre Gesprächssituation zu Mendel Singer her, andererseits informiert er ihn, was nun zu tun ist und wann er wiederkommen darf.

Mendel ist verängstigt und wagt es nicht, „dem Beamten den Rücken zu kehren" (Z. 86 f.), seine Zeitwahrnehmung ist aufgrund seiner Aufregung verfälscht (vgl. Z. 87 ff.). Die Satzreihe unterstreicht den hektischen Fluchtcharakter seines Rückzugs: „Er wandte sich schnell [zur Tür] um, ergriff den Knopf, drehte ihn zuerst links, dann rechts, dann machte er noch eine Verbeugung." (Z. 89) Innerhalb von vier Zeilen kommt zweimal das Adverb „endlich" (Z. 89 und 92) vor, das Mendels Wunsch, den Raum zu verlassen, hervorhebt.

Mendel verliert seine Papiere

Selbst der gewöhnliche Beamte (vgl. Z. 94), der Schreiber, zu dem er geschickt worden ist, spricht Mendel Singer im Imperativ an: „Komm her" (Z. 104). Der Aufforderung, einen Rubel für den Stempel zu bezahlen, kommt Mendel zwar nach, aber auch hier wird ersichtlich, dass er sich im Umgang mit Behörden nicht auskennt. Dass der korrupte Schreiber die Münze nicht nimmt, versteht Mendel nicht, der Erzähler klärt den Leser auf, dass der Beamte „noch mindestens fünfzig Kopeken" (Z. 109 f.) erwartet. Der Erzähler ordnet die versteckten Forderungen des Schreibers kommentierend als „ziemlich deutliche Wünsche" (Z. 111) ein. Die Reaktion des Schreibers ist für Mendel Singer verheerend; vorsätzlich, aber „wie unabsichtlich" (Z. 115) zerreißt der Schreiber die Dokumente Mendels, dieser „zitterte" (Z. 118). Um doch noch an das Geld zu gelangen, behält der Schreiber die Papiere und bestellt Mendel für den nächsten Tag zu einer Uhrzeit, an der er ungestört mit ihm sprechen könnte, wahrscheinlich um weitere Geldforderungen zu stellen (vgl. Z. 126 ff.).

Reflektierte Schlussbetrachtung

Der Romanauszug verdeutlicht einerseits den Umgang von Behörden mit Minderheiten, dieser ist anscheinend geprägt von Angst (der Uniformierte), Willkür und Sadismus (hoher Beamter) und Profitgier (Schreiber). Andererseits beleuchtet der Text schlaglichtartig den Charakter Mendels. Dass er so devot reagiert und anscheinend nicht aktiv nach Lösungen für seine Probleme sucht (wie beispielsweise im Vorfeld sich um das Gesuch zu kümmern bzw. eine Lösung für seine mangelnden Russisch-Kenntnisse im Lesen und Schreiben zu finden), ist symptomatisch für ihn. Er flüchtet sich nicht nur in die Abgeschiedenheit im Schtetl, sondern auch in die Passivität. Dabei zieht er sich am Romananfang auch auf seine Vorstellung von Gott zurück, dem er die Lösung seiner Probleme quasi überlässt. Eben diese Haltung ist es, die Mendel Singer immer wieder Probleme bereitet und ihn im Falle des Gesuches scheitern lässt. Seine Angst vor staatlichen Institutionen gepaart mit seiner Passivität verhindert eine frühzeitige Behandlung Menuchims, da Mendel sich weigert, seinen Sohn einem Arzt mitzugeben.

2. Teilaufgabe

Überleitung

Während der auktoriale Erzähler des Romanausschnitts dem Leser die Gelegenheit gibt, die Motive der Amtsangehörigen zu erkennen, ohne dass Mendel diese durchschaut, weiß der Leser bei Franz Kafkas Parabel *Der Schlag ans Hoftor* nicht mehr als der Protagonist. Der Text wird aus der Ich-Erzählsituation wiedergegeben. Dem Erzähler fehlen also Informationen, die über seine eigene Innenperspektive hinausgehen, sodass er über die Motive anderer Figuren nur mutmaßen kann.

Textanalyse (Vorausdeutung auf den Charakter der richterlichen Institution)

Dieser spekulative Charakter der Erzähler-Aussagen bewirkt im Vergleich mit dem Romanausschnitt bereits zu Beginn beim Leser eine gesteigerte Unsicherheit. Die Einschätzungen des Erzählers erweisen sich stets als falsch: So ist er anfangs überzeugt, dass der Schlag ans Hoftor, den seine Schwester vermutlich ausgeführt hat, keine gerichtlichen Konsequenzen haben wird. Auch beurteilt er die Motive anderer Figuren nicht richtig. Zunächst deutet der Erzähler das Winken der Dorfbewohner als „freundschaftlich" (Z. 9), da er unsicher ist, ergänzt er: „oder warnend, selbst erschrocken, gebückt vor Schrecken." (Z. 9 f.) Während er als Fremder den Schlag ans Hoftor als gerichtlich irrelevant einordnet, eine Einschätzung, die der Leser teilen wird, sind die Einheimischen „erschrocken" (Z. 10), zeigen mit dem Bücken eine Untertänigkeit und einen Schrecken, die der Unterwürfigkeit Mendel Singers in der Behörde in Dubno ähneln. Damit wird das Wesen der richterlichen Institution bereits vor deren Eintreffen angedeutet.

Wandel in der Sicherheit des Bruders

Auf den Hinweis der Hofbesitzer, dass auch er als Bruder der vermeintlichen Täterin angeklagt werde (vgl. Z. 21 ff.), reagiert der Erzähler gelassen, er „nickte lächelnd" (Z. 22). Von Beginn an nimmt er in der Beurteilung der Lage eine betont rationale Perspektive ein, die ihn über die Sorgen der Dorfbewohner lächeln lässt. Dabei verrät der folgende Vergleich, der durch die Rückschau des Erzählers geprägt ist – die Erzählung beginnt im Erzähltempus des Präteritums und endet im Präsens –, dass sich diese rationale Sichtweise voraussichtlich nicht bewahrheiten wird: Die Blicke zum Hof, an dessen Tor geschlagen worden sein soll, vergleicht der Ich-Erzähler mit dem Blick auf „eine ferne Rauchwolke" (Z. 23 f.), bei der man „auf die Flamme wartet" (Z. 24 f.). Unweigerlich bezieht der Leser die Bedrohlichkeit der Flamme auf die kurz darauf eintreffenden Reiter, die der Richter und seine Helfer sind. Die Wahrnehmung der Reiter und deren Verhalten verunsichern den Ich-Erzähler. Aufgrund einer Staubwolke kann der Bruder „nur die Spitzen der hohen Lanzen" (Z. 27), also das bedrohliche Potenzial, wahrnehmen. Auch der Eindruck, dass sie „gleich die Pferde gewendet“ (Z. 29) haben und sich auf den Weg zu dem Erzähler und seiner Schwester machen, steigert seine Irritation. Insofern „drängte“ (Z. 30) er seine Schwester, ihn die Angelegenheit alleine erledigen zu lassen, und als die Schwester dies ablehnt, schickt er sie mithilfe einer Ausrede weg (vgl. Z. 32 ff.).

Der Richter und sein Gehilfe

Als der Richter mit seinem Gefolge beim Bruder eintrifft, entsteht der Eindruck, dass es den Amtsträgern nicht um die Überführung der tatsächlichen Täterin, sondern lediglich um das Finden eines Opfers geht – dass die Schwester, die wahrscheinlich den Schlag ausgeführt hat, nicht anwesend ist, wird von ihnen „fast gleichgültig“ (Z. 40) hingenommen. Dabei scheinen sie es bewusst – und das mutet erneut grotesk an – auf den Bruder abgesehen zu haben, denn er glaubt, dass es den beiden wichtig ist, dass „sie [ihn] gefunden hatten“ (Z. 41 f.). Die Schilderung des Richters als „junger, lebhafter Mann“ (Z. 43) steht im Gegensatz zu den Assoziationen, die der Leser mit diesem Amt verbindet, das üblicherweise alte weise Männer innehaben. Unklar ist der Einflussbereich des ländlich geprägten Gerichts, da der Erzähler andeutet, dass er als „Städter“ von „diesem Bauernvolk“ (Z. 49 f.) nicht belangt werde.

Das Eintreffen der Vorausdeutungen

Der Erzähler glaubt immer noch „fast, ein Wort werde genügen“ (Z. 48 f.), um die Situation zu klären. Jedoch wird diese Hoffnung mit dem Überschreiten der Schwelle der Bauernstube zerstört. Der Richter hat das Gerichtsverfahren quasi beendet, bevor es begonnen hat, der „Städter“ (Z. 49) tut dem Richter leid, und damit meint der Richter laut Erzähler nicht seinen „gegenwärtigen Zustand […], sondern das, was mit [ihm] geschehen würde“ (Z. 54 ff.). Bezeichnenderweise stimmt die Beschreibung der Bauernstube mit derjenigen einer Gefängniszelle überein (vgl. Z. 56 ff.); das einem „Operationstisch“ (Z. 60) ähnelnde Bett erinnert an ein Folterwerkzeug.

Der Erzähler lässt jegliche Hoffnung für sich im Konjunktiv II irrealis enden: Die Fragestellung, ob er noch andere Luft als die Gefängnisluft schmecken könne, beantwortet er mit einem Konditionalsatz: „wenn ich noch Aussicht auf Entlassung hätte.“ (Z. 63 f.)

Deutung

Der Erzähler agiert aus einer rationalen Position heraus. Seine Sicherheit als aufgeklärter Mensch wird durch die irrationalen Züge der richterlichen Instanz deutlich unterminiert. Diese Darstellung von richterlichem Handeln, bei dem die Motive völlig im Unklaren bleiben, stellt die Verlässlichkeit von gesellschaftlichen Regeln infrage und macht das Leben unwägbar. Und auch der Leser wird mit dieser Parabel über einen Willkürakt in seiner eigenen Sicherheit erschüttert.

Vergleich

Wie für Kafkas Ich-Erzähler sind auch für Mendel Singer die Motive der Amtspersonen undurchsichtig. Aufgrund seiner fehlenden Weltgewandtheit ist er nicht auf den Besuch der Behörde vorbereitet und versteht die Aufforderung zur Bestechung nicht. Seine Überforderung gründet in einem Mangel an Erfahrung. Zwar schikanieren und demütigen die Beamten den Bittsteller, auch mag ihr Verhalten angsteinflößend sein, doch handeln sie weitgehend kalkulierbar – sofern man sich als Antragsteller mit den Gepflogenheiten auskennt. Ganz anders bei Kafka: In seiner Parabel wird jede logische und rational begründete Erwartung ad absurdum geführt, das Handeln der richterlichen Institution ist deutlich von Willkür geprägt. Für eine banale Handlung (Schlag ans Tor) wird ein Unschuldiger offenbar ohne ordentliche Verhandlung lebenslänglich inhaftiert.

Mendel Singer erweist sich von Anfang an als verängstigt und eingeschüchtert, während der Bruder in der Parabel Kafkas einen Prozess durchlebt, bei dem sich seine vermeintlich sicheren Einschätzungen in Bezug auf das soziale Leben bzw. das auf gerichtliche Vorgehen allmählich auflösen. Verzweifelt gibt er zuletzt jede Hoffnung auf, wieder in Freiheit zu gelangen.

Mendel Singer scheitert aufgrund seiner mangelnden Problemlösekompetenz und seiner Weltabgewandtheit an den Behörden in Dubno und schlägt einen Lösungsweg ein, den seine Frau bereits bei der Auswanderung Schemarjahs gewählt hat: Er lässt Kapturak die Ausreise der Familie organisieren.

Der Bruder in der Parabel *Der Schlag ans Hoftor* scheitert, obwohl er ein „Städter“ und damit nicht weltfremd ist. Er scheitert an der Willkürmacht der richterlichen Institution, die keinen nachvollziehbaren Regeln folgt und deren Vorgehen undurchschaubar bleibt. Hier liegt der wesentliche Unterschied zwischen Romanauszug und Parabel. Bei Kafka scheint kein klassisches Gerichtsverfahren stattzufinden. Das Individuum ist viel stärker als in *Hiob* einer unbekannten Macht ausgeliefert, was dem Text rätselhafte und verstörende Züge gibt.

Musterklausur 2 – Stichwortartiger Erwartungshorizont

Teilaufgabe 1

Die Interpretation des vorliegenden Romanausschnitts kann zu folgenden Ergebnissen gelangen:

- Zunächst wird eine Einleitung unter Einbezug von Titel, Autor, Thema des Romans und Aufgabenstellung verfasst. Dabei wird eine Deutungshypothese aufgestellt, die im Nachfolgenden belegt wird.
- Vor der inhaltlichen Analyse erfolgen eine prägnante Inhaltsangabe zum Romanausschnitt und eine Einordnung des Auszugs in den Kontext.

Inhaltliche Ausführungen

- Der Übergang des Erzählers von einem szenisch darstellenden Duktus (vgl. Z. 1–5) zu einem biblischen Duktus spiegelt sich in der Wortwahl und der Darstellung der Umgebung wider.
- Der Kontrast zwischen der bisherigen Welt des Mendel Singer und der neuen Situation wird sprachlich als Wechsel in eine neue Welt angedeutet (vgl. Z. 6). Diese erscheint paradiesartig, da in ihr der „weiche Sand gelb war, das weite Meer blau und alle Häuser weiß" (Z. 6 ff.). Die Attributzuschreibungen der ersten beiden Aspekte wirken tautologisch und betonen den kontemplativen Moment, der in dieser anderen Welt herrscht. Passend dazu „schlürfte [Mendel] seinen goldbraunen Tee" (Z. 10).
- Diese Welt ist vom Neubeginn geprägt, „die erste warme Sonne dieses Jahres" (Z. 11 f.) strahlt auf Mendel, Vögel hüpfen nah an ihn heran, das Meer „plätscher[t] mit sanftem regelmäßigem Schlag an den Strand" (Z. 14 f.) und selbst der Himmel zeigt sich mild in einem blassen Blau (vgl. Z. 15 f.). Selten zuvor ist Mendel Singer im Roman *Hiob* so harmonisch in seine Umwelt eingebettet. Was auffällt, ist, dass sich der Erzähler zurücknimmt. Kein harter Kontrast zwischen Natur und Juden, keine ironische Brechung zerstören dieses Bild – der Erzähler gibt lediglich den Hinweis, dass es für Mendel „[u]nter diesem Himmel" (Z. 16 f.) leichtfällt, an ein positives Schicksal für Jonas und Mirjam zu denken. Familie Singer wird zum Kristallisationspunkt von Entwurzelung, Fremdheitserfahrung und Verlorenheit nach ihrer Auswanderung, aber eben diese Aspekte, die sich nicht nur als Erfahrungen des jüdischen Volkes, sondern auch der Biografie Joseph Roths erweisen, sind hier, im sprachlich mythisch und biblisch gestalteten, Raum aufgehoben. Mit großer Sicherheit kündigt Mendel in seinen Gedanken an, dass er „nach späten Jahren in den Tod eingehen [wird], umringt von vielen Enkeln und ‚satt am Leben' wie es im ‚Hiob' geschrieben stand." (Z. 21 ff.) Damit wird Mendel – trotz aller Unterschiede – in Bezug auf das Lebensende wieder mit dem biblischen Hiob gleichgesetzt. Der Vergleich mit dem Ausgang der Hiob-Geschichte unterstreicht den versöhnlichen Charakter, den das Roman-Ende beinhaltet.
- Dass die Möwe, die Mendel beobachtet, „wie ein silbernes Geschoß des Himmels, unter das Zeltdach der Terrasse" (Z. 24 f.) fliegt, ist eine seltsam anmutende Unterbrechung des paradiesischen Zustandes. Allerdings stört sie Mendel nicht, er beobachtet lediglich „ihren jähen Flug und die schattenhafte weiße Spur, die sie in der blauen Luft hinterließ" (Z. 26 ff.). Der Flug der Möwe, deren Flugweg sich nachzeichnen lässt, dient als Symbol der Rückschau Mendels auf sein eigenes Leben. Auch er hat sich aus religiöser Sicht am „Zeltdach" (Z. 25) seiner Existenz gestoßen, ebenso kann seine Lebensbahn auf der Erde als „jähe[r] Flug" (Z. 26) gelten. Dieser Rückblick wird zwar hier nur symbolisch angedeutet, doch die kontemplative Harmonie, in der sich Mendel nun mit seiner Umwelt befindet, macht es zumindest denkbar, dass er angesichts der überstandenen Kämpfe ohne Groll auf sein Leben blickt.

- In personaler Erzählhaltung werden Mendels Gedanken deutlich: „Er [Menuchim] war ein wunderbarer Mensch, der Segen ruhte auf ihm, gesund würde er Mirjam machen“ (Z. 43 ff.). Die Angst vor neuem Leid weicht einem optimistischen Denken.
- Die Segensformel für Menuchims Kinder (vgl. Z. 57) wirkt gleichzeitig wie ein Abschied. Der Schluss des Romans ist ein versöhnlicher. Im Halbschlaf betrachtet Mendel noch einmal das Bild mit Menuchims Frau, die er nicht kennt. Die Tochter Menuchims wirkt auf Mendel wie ein „Kinderbild Deborahs“ (Z. 66 f.), erinnert ihn also an seine tote Frau, in der die Enkelin weiterzuleben scheint. Nach der Versöhnung mit Gott kann Mendel hoffen, dass sie „mit fremden, jenseitigen Augen […] vielleicht das Wunder“ (Z. 67 f.) sehen kann. Erst jetzt gelingt es Mendel, sich dankbar an die Zeit mit Deborah zu erinnern (vgl. Z. 68 ff.), trotz des gestörten Verhältnisses zu ihr in den letzten Jahren ihrer Ehe.
- Dieses versöhnliche Zurückblicken erscheint wie die literarische Ausgestaltung des Bibelzitats: „satt am Leben“ (Z. 22). Wenn Mendel das Foto mit seinen Enkeln auf den Sessel stellt, umringt er sich mit seinen Enkeln (vgl. Z. 74 f.), „die ganze blaue Heiterkeit des Himmels“ nimmt er „in den Schlaf hinüber“ (Z. 77 f.). Dass er zusätzlich auch noch Jonas und Mirjam erblickt, könnte ein Hinweis auf das Ende der biblischen Geschichte sein, in der Hiob von Kindern und Kindeskindern umgeben ist. Es könnte allerdings auch Anzeichen eines reduzierten Wunders sein: Die neue Hoffnung lässt Mendel an ein gutes Ende für Jonas und Mirjam glauben. Die verlorenen Kinder gelangen zurück ins Familienbild Mendels, nur der tote Schemarjah wird nicht mehr erwähnt. Die Gründe hierfür sind unklar. Der moderne Hiob, so macht es den Eindruck, muss mit einem versöhnlichen Ende auskommen, das eben nicht so wunderbeladen ist wie beim biblischen Hiob. Die auffällige Kürze des vorletzten Satzes legt zumindest die Vermutung nahe, dass Mendel auf dem Höhepunkt seines Glückes zufrieden entschläft. Anstatt den Hinweis, dass Mendel eingeschlafen ist, in einen der Sätze einzufügen, steht der Satz für sich: „Mendel schlief ein.“ (Z. 81) Der Folgesatz beginnt mit einer Konjunktion, dennoch sind die Sätze durch einen Punkt getrennt, womit der Schlaf deutlich betont wird. Die Sanftheit des Todes, falls man diese Stelle so interpretiert, entspricht der Harmonie des Romanendes. „Schwere des Glücks“ und „Größe der Wunder“ (Z. 81 f.) sind die Metaphern, die eine Erfülltheit des Lebens Mendels besonders stark zum Ausdruck bringen.

Teilaufgabe 2

- Hier soll reproduktiv Joseph Roths Haltung zur Neuen Sachlichkeit, die in seinem Aufsatz deutlich wird, dargestellt werden. Exakte Nennungen sind der ConceptMap des Lösungsheftes zu entnehmen (vgl. Lösung zu M 18). Zusammenfassend muss deutlich werden, dass sich Joseph Roth gegen eine Verabsolutierung des Materials, also der realen Tatsachen, ausspricht. Zwar sieht er die Verbindung von Kunst und Wirklichkeit als unumgänglich, allerdings kann eine reine Tatsachenwiedergabe für ihn nicht den Grad der Wahrheit erlangen. Diese Wahrheit stellt sich erst dann ein, wenn der Autor die Fakten poetisch überformt und ein Kunstprodukt als umgearbeitete Realität vorlegt.
- Eben diese Sichtweise findet ihren Niederschlag in der Ausgestaltung des Romanendes. Der Roman – das zeigen die historischen Aspekte, die Roth eingearbeitet hat – orientiert sich deutlich an dem, was real möglich gewesen ist. Der Schluss wird allerdings in eine mythische Sphäre verlagert, in der zwar ein Abdriften in völlig wundersame Bereiche ausbleibt, aber ein moderner Hiob mit im realen Rahmen möglichen Wundern sein Ende findet. Als höhere Wahrheit könnte man einen Appell zu einem weltzugewandten Leben herauslesen, das Mendel erst am Lebensende und nur dank des Erlösers und Trösters Menuchim bejahen kann. Insofern fragt die Aufgabenstellung implizit auch nach der Intention des Autors.

❸ Seine Stärke ist die Dichte der Anschauung, die jeden Satz bis zum Rand füllt mit Gesehenem. Seine Stärke ist die geistige Souveränität, die alles Gesehene läutert zum Begriffenen – und die reflexiven Resultate auf die schlichteste, unvordringlichste Formel bringt. Seine Stärke ist die Melodie, die alles Begriffene wieder umsetzt in den Hauch über einem Sein – und dieser Hauch ist im Hiob die feierliche Stille über den Alltagen des Mendel Singer. Die Schärfe und Fülle der Beobachtungen, die Höhe der Meditationen[1], der Zauber des Sprachklangs geben den stofflich unendlich schlichten Büchern Roths ihre Prägung.

Ludwig Marcuse (in: Wie alt kann Aktuelles sein? Copyright © 1989 Diogenes Verlag AG Zürich)

❺ An Geschlossenheit des Aufbaus, an Tiefe der Empfindung, an Reinheit, an Musikalität der Sprache kaum zu übertreffen.

Stefan Zweig

❹ Es ist nicht einfach, einfach zu schreiben. Es ist eine große Kunst. Josef Roth hat sie. Sein neues Buch heißt „Hiob" [...]. Es ist eine Leistung an Einfachheit. Es ist wie in Holz geschnitten.

Hans Joachim (in: Die Neue Rundschau 42/1931, Bd. 1. S. Fischer Verlag)

❻ Die für Roth charakteristische atmosphärische und symbolische Überhöhung der natürlichen Sphäre (Klima und Wetter, Tag und Nacht, Jahreszeiten, Himmel und Erde, Erde und Wasser etc.)

Michael Voges (in: Michael Kehlmann/Fritz Hackert (Hrsg.): Joseph Roth: Interpretation – Kritik – Rezeption. Tübingen: Stauffenburg Verlag 1990, S. 385)

❼ In vorbildlich sparsamer Sprache [...] schildert Roth eine zwar dunkle und lastende, aber auch abgründig wurzelhafte Religiosität [...].

Heinrich Lützeler (in: Neues Hochland, Band 29, Ausgabe 1, 1931)

Anmerkung

1 Meditationen: zur Versenkung in einen Gegenstand tendierende, besinnende Betrachtung

4 Prüfen Sie, inwieweit sich die Aussagen zu Roths Sprache mit den analysierten Textauszügen stützen lassen.

Der literaturgeschichtliche Kontext – Neue Sachlichkeit und angrenzende Strömungen

1 Der Erste Weltkrieg – die „Urkatastrophe des 20. Jahrhunderts“

M14 Informationen zum Ersten Weltkrieg in einer Schlagwort-Wolke sichern

Der Erste Weltkrieg

Der Ausbruch des Ersten Weltkrieges steht im unmittelbaren Zusammenhang mit der Epoche des Imperialismus. Bereits um 1900 setzte sich die Sichtweise eines Sozialdarwinismus durch. Demnach sollte ein Volk, das stark sein möchte, expandieren. Des Weiteren war Deutschland als Mittelmacht zum stärksten Exportland aufgestiegen, das Bürgertum in Deutschland forderte deshalb, dass die politische Weltgeltung diesem ökonomischen Gewicht entsprechen sollte. Insofern bestand bereits vor der Ermordung des Thronfolgerpaares von Österreich-Ungarn am 28. Juni 1914 bei einem Besuch Sarajevos durch einen serbischen Attentäter ein angespanntes Klima. Dabei gab es immer wieder einen Wechsel von Spannung und Entspannung, darauf zählten in dieser Krise auch England und Deutschland. Während England die Krise anscheinend unterschätzte, setzten Österreich und Deutschland darauf, dass die anderen Mächte einlenken würden, so wie es in vorherigen Krisen manchmal der Fall gewesen war.

Was folgte, war ein beispielloses Zusammenwirken von militärischen Mechanismen. Deutschland deckte die Schritte Österreichs, das als Reaktion auf das Attentat in Serbien einmarschieren wollte. Also erklärte Österreich-Ungarn Serbien den Krieg (28. Juli). Darauf folgte die Generalmobilmachung Russlands (30. Juli), um Serbien zu helfen. Am 1. August machte Deutschland mobil und erklärte Russland den Krieg, am 3. August wurde auch dem mit Russland verbündeten Frankreich der Krieg erklärt, wodurch sich Deutschland mit seinem Verbündeten Österreich-Ungarn in einem Zwei-Fronten-Krieg befand. Als Deutschland beim Marsch auf Frankreich die Neutralität Belgiens missachtete, trat am 4. August auch England in den Krieg gegen die Mittelmächte Deutschland und Österreich-Ungarn ein.

Der militärische Konflikt entwickelte sich zu einem zähen Stellungskrieg. Russland wurde 1917 durch die aufkommende Revolution und den damit einhergehenden Sturz des Zaren geschwächt und schloss mit Deutschland Frieden. Als Reaktion auf die Erklärung des uneingeschränkten U-Bootkrieges Deutschlands traten 1917 auch die USA in den Weltkrieg ein. Die Mittelmächte brachen 1918 militärisch ein und die Alliierten gewannen den Krieg.

Die Folgen des Krieges sind so weitreichend gewesen, dass Franzosen und Engländer diesen bis heute als den „Großen Krieg“ bezeichnen. Nach Schätzungen verloren über 20 Millionen Menschen im Ersten Weltkrieg ihr Leben. Allein in Deutschland gab es ca. drei Millionen Kriegerwitwen und 10 Millionen Waisen. Hinzu kam, dass viele Rückkehrer von der Front unter starken psychischen und physischen Folgen des Erlebten litten. Viele waren z. B. bein- oder armamputiert.

Bettelnder Kriegsinvalide in Berlin (Bundesarchiv, Bild 146-1972-062-01 / CC-BY-SA)

Das Deutsche Reich wurde im Zuge des aus Sicht Frankreichs zu sanft ausfallenden Friedens von Versailles durch Gebietsabtretungen, zu leistende Reparationszahlungen, eine Begrenzung des stehenden Heeres und ein entmilitarisiertes Ruhrgebiet bestraft. Als eine Strafe wurde dieser Friedensvertrag auch von der breiten Bevölkerung des deutschen Volkes empfunden, denn Deutschland musste den Kriegsschuldparagraphen anerkennen, womit diesem die Alleinschuld für den Kriegsbeginn zugewiesen wurde. Dieser eher formaljuristische Paragraph zur

Rechtfertigung der Reparationszahlungen rief in der Bevölkerung, die durch die Propaganda lange Zeit von einem Verteidigungskrieg ausgegangen war, das Gefühl einer moralischen Aburteilung hervor.

Auf dem Gebiet des ehemaligen k.u.k.-Reiches kam es mit dem Ende des Krieges zu weitreichenden Entwicklungen für ganz Europa. Österreich selbst hörte auf, eine Monarchie zu sein, und erklärte sich zur Republik. Ein Zusammenschluss mit Deutschland wurde von den Alliierten verboten. Aus dem ehemaligen Staatsgebiet Österreich-Ungarns gingen Jugoslawien, Ungarn und – im Zusammenwirken mit Gebietsabtretungen Deutschlands – die Tschechoslowakei und Polen hervor. Während Deutschland politisch in den Folgejahren wieder an Bedeutung gewann, blieb Österreich im Vergleich mit seiner Zeit als Monarchie ein international wenig bedeutsamer Faktor.

Erarbeiten Sie die Inhalte des Informationstextes zum Ersten Weltkrieg, indem Sie Markierungen vornehmen und Notizen anfertigen. Übertragen Sie zentrale Aspekte des Ersten Weltkriegs in die Schlagwort-Wolke.

Schlagwort-Wolke „Erster Weltkrieg“

info

Schlagwort-Wolke

Bei einer Schlagwort-Wolke gilt es zunächst, Schlagwörter bzw. Schlüsselwörter aus einer Informationsquelle herauszuarbeiten. Anschließend überlegen Sie, welche Bedeutung Sie den gefundenen Schlagwörtern beimessen. Die Schriftgröße der einzelnen Begriffe richtet sich dann nach eben dieser von Ihnen vorgenommenen Bewertung: Je höher Ihrer Meinung nach die Bedeutung eines Schlagwortes ist, desto größer sollten Sie es schreiben. Auch farbliche Variationen der Wörter sind möglich – hier bietet sich eine farblich ähnliche Gestaltung von Wörtern an, die Sie einer thematischen Wortgruppe zuordnen. Das folgende Beispiel zur literarischen Epoche des Expressionismus zeigt, wie eine Schlagwort-Wolke aussehen kann:

Nicht-Rationales betonen
Umbruch
gegen Naturalismus
anfängliche Kriegsbegeisterung
erlebte Stagnation
Gefühlhaftes
Pathetisches
gefühlte Langeweile
gewaltvolle Veränderung
neues Erleben
Aufbruch
Tod vieler Expressionisten im Krieg

2 Der Erste Weltkrieg als Epochenkontext im Roman und in Roths Biografie

M 15 Die Bedeutung des Ersten Weltkriegs für Roths Werk und Biografie erfassen

Wilhelm von Sternburg: Joseph Roth. Eine Biographie (Auszug)

Das Ende des Vielvölkerreiches der Habsburger [nach dem Ersten Weltkrieg] bleibt für Joseph Roth weit mehr als nur ein politisches Ereignis. Er empfindet es als einen unwiederbringlichen kulturellen und geistigen Verlust. [...]

Sie [die Welt des untergegangenen Habsburgerreiches] wird ihm zum Gegenpol einer moralisch und politisch verfallenden Gegenwart. 1932 macht er in einem Brief die Bemerkung: „Mein stärkstes Erlebnis war der Krieg und der Untergang meines Vaterlandes, *des einzigen,* das ich je besessen: der österreichisch-ungarischen Monarchie." [...] Der 13 Jahre ältere Freund Stefan Zweig wird in seiner Autobiographie ganz im Sinne Roths Abschied von der „Welt von Gestern" nehmen: „Wenn ich versuche für die Zeit vor dem Ersten Weltkrieg, in der ich aufgewachsen bin, eine handliche Formel zu finden, so hoffe ich am prägnantesten zu sein, wenn ich sage: es war das goldene Zeitalter der Sicherheit. Alles in unserer fast tausendjährigen österreichischen Monarchie schien auf Dauer gegründet und der Staat selbst der oberste Garant dieser Beständigkeit."

Aus: Wilhelm von Sternburg: Joseph Roth. Eine Biographie, Köln: Kiepenheuer & Witsch 2009, S. 16.

Arbeiten Sie die Auswirkungen des Ersten Weltkrieges auf das Leben Mendel Singers und auf das Leben Joseph Roths heraus. Ziehen Sie einerseits Ihre Roman-Kenntnisse heran und untersuchen Sie andererseits den Auszug aus Wilhelm von Sternburgs Roth-Biografie.

Mendel Singer	Joseph Roth

info

Zur Problematik biografischer Bezüge

Es kann hilfreich sein, biografische Bezüge zwischen Autor und Dichtung herzustellen, um den Wurzeln eines Werks nachzuspüren und den Inhalt aus einem anderen Blickwinkel zu deuten. Zahlreiche Schriftsteller wie z. B. Thomas Mann benutzen eigene Erlebnisse oder Vorkommnisse in ihrem Bekanntenkreis regelrecht als Steinbruch, dessen Material sie in ihren literarischen Arbeiten verwenden.

Aber Vorsicht: Auch wenn eine Beschäftigung mit der Biografie eines Dichters und den Zeitumständen seines Lebens nützliche Anregungen bei der Interpretation seines Werks geben kann, sollten Sie sich vor einem einseitigen Biografismus hüten, d. h. nicht versuchen, jeden Aspekt eines Werks auf die Vita des Autors zurückzuführen. Vom fiktiven Erzähler darf nicht vorschnell auf den Autor geschlossen werden! Eine solch verengte Perspektive würde der Vielschichtigkeit eines Kunstwerks nicht gerecht werden.

3 Neue Sachlichkeit – Ein Umriss

Zwei Textstellen einander gegenüberstellen M16

Alfred Döblin: Die Ermordung einer Butterblume (erschienen 1913)

Plötzlich sah Herr Michael Fischer, während sein Blick leer über den Wegrand strich, wie eine untersetzte Gestalt, er selbst, von dem Rasen zurücktrat, auf die Blumen stürzte und einer Butterblume den Kopf glatt abschlug. [...] Diese Blume dort glich den anderen auf ein Haar. Diese eine lockte seinen Blick, seine Hand, seinen Stock. Sein Arm hob sich, das Stöckchen sauste, wupp, flog der Kopf ab. Der Kopf überstürzte sich in der Luft, verschwand im Gras. Wild schlug das Herz des Kaufmanns. Plump sank jetzt der gelöste Pflanzenkopf und wühlte sich in das Gras. Tiefer, immer tiefer, durch die Grasdecke hindurch, in den Boden hinein. Jetzt fing er an zu sausen, in das Erdinnere, daß keine Hände ihn mehr halten konnten. Und von oben, aus dem Körperstumpf, tropfte es, quoll aus dem Halse weißes Blut, nach in das Loch, erst wenig, wie einem Gelähmten, dem der Speichel aus dem Mundwinkel läuft, dann in dickem Strom, rann schleimig, mit gelbem Schaum auf Herrn Michael zu, der vergeblich zu entfliehen suchte, nach rechts hüpfte, nach links hüpfte, der drüber wegspringen wollte, gegen dessen Füße es schon anbrandete.

Joseph Roth: Flucht ohne Ende. Ein Bericht (erschienen 1927)

VORWORT

Im Folgenden erzähle ich die Geschichte meines Freundes, Kameraden und Gesinnungsgenossen Franz Tunda.

Ich folge zum Teil seinen Aufzeichnungen, zum Teil seinen Erzählungen.

Ich habe nichts erfunden, nichts komponiert. Es handelt sich nicht mehr darum, zu „dichten“. Das Wichtigste ist das Beobachtete. –

Paris, im März 1927 *Joseph Roth*

Der Oberleutnant der österreichischen Armee Franz Tunda geriet im August des Jahrs 1916 in russische Kriegsgefangenschaft. Er kam in ein Lager, einige Werst nordöstlich von Irkutsk. Es gelang ihm, mit Hilfe eines sibirischen Polen zu fliehen. Auf dem entfernten, einsamen und traurigen Gehöft des Polen, am Rande der Taiga, blieb der Offizier bis zum Frühling 1919.

Joseph Roth: Die Flucht ohne Ende. Ein Bericht. Vorwort, München 1927.
Alfred Döblin: „Die Ermordung einer Butterblume“ und andere Erzählungen. München: dtv, ^{2}2006. © Walter Verlag 1962

Die beiden Textauszüge stehen exemplarisch für die literaturgeschichtlichen Epochen, denen sie entstammen. Alfred Döblins *Die Ermordung einer Butterblume* gilt als expressionistische Erzählung, Joseph Roths *Flucht ohne Ende* steht für den Stil der Neuen Sachlichkeit. Untersuchen Sie die beiden Auszüge. Notieren Sie Aspekte zum Sprachstil und führen Sie Textbelege an:

M 17 Die Epoche der Neuen Sachlichkeit erschließen

Lion Feuchtwanger: Die Konstellation der Literatur (1927), Auszug

Die Literatur der weißhäutigen Völker, seit etwa zwanzig Jahren sinn- und zwecklose Spielerei, ohne Zusammenhang mit dem Leben, Beschäftigung für Zeittotschläger, beginnt allmählich die Inhalte aufzunehmen, die Krieg, Revolution, gesteigerte Technik ins Licht rücken. Produzierende und Konsumenten haben formalistischen, ästhetisch tändelnden Kram ebenso satt wie alles Ekstatische, gefühlsmäßig Überbetonte. Was Schreibende und Leser suchen, ist nicht Übertragung subjektiven Gefühls, sondern Anschauung des Objekts: anschaulich gemachtes Leben der Zeit, dargeboten in einleuchtender Form. Erotisches rückt an die Peripherie, Soziologisches, Wirtschaftliches, Politisches in die Mitte. Don Juan in seinen endlosen Varianten hat abgewirtschaftet, an seine Stelle tritt der kämpfende Mensch, Politiker, Sportler, Geschäftsmann. Den Schreiber und den Leser fesselt Gestaltung des unmittelbar Greifbaren: Sitten und Gebräuche des heraufkommenden Proletariats, die Institutionen Amerikas, Fabriken, Konzerne, Autos, Sport, Petroleum, Sowjetrußland. Die große Abneigung des Menschen von 1927 gegen subjektiv gefühlsmäßige Wertung bewirkt, daß der historische Roman und der historische Essay als Darstellung abgeschlossener, somit überschaubarer Vorgänge sehr ins Licht rückt. Bevor die Geschichte neuere Methoden der Katalogisierung konsequent anwendet, soziologische, biologische, gebraucht sie einfühlsam der Roman.

Durch diese Tendenz der Gegenwart, über dem Inhalt die Aufmachung kaum mehr zu beachten, hat vor allem die französische Literatur an europäischer Geltung verloren. [...] Insbesondere in Deutschland haben die Jüngeren sich von den Franzosen abgekehrt; sie orientieren sich an den Angelsachsen stofflich und vor allem auch sprachlich.

Aus: Lion Feuchtwanger: Die Konstellation der Literatur. In: Berliner Tageblatt, Nr. 518 vom 2. 11. 1927.

1 Die literaturgeschichtliche Epoche der **Neuen Sachlichkeit** wurde bereits von denjenigen kontrovers diskutiert, die dieser Stilrichtung in der Weimarer Republik zugerechnet wurden. Der Autor Lion Feuchtwanger hat die Sichtweise dieser literarischen Bewegung in seinem Aufsatz *Die Konstellation der Literatur* (1927) umrissen.

Fassen Sie in der Tabelle zusammen, welche Eigenschaften Feuchtwanger der Literatur vor der Neuen Sachlichkeit zuschreibt und welche Eigenschaften die Literatur in der damals aktuellen Entwicklung für Feuchtwanger besitzt.

Literatur vor der Neuen Sachlichkeit	
Damals aktuelle Entwicklung der Literatur	

2 Beschreiben und deuten Sie die Bilder von Ludwig Meidner und Otto Maximilian Umbehr.

Ludwig Meidner: Ich und die Stadt
(Ludwig Meidner ist ein expressionistischer Maler und Dichter)

Otto Maximilian Umbehr: *Der rasende Reporter Egon Erwin Kisch*[1]
(Egon Erwin Kisch ist ein Befürworter der Neuen Sachlichkeit)

Anmerkung

1 Egon Erwin Kisch war bekannt für seinen knappen, aber sehr informativen Stil. Bisweilen geht er in seinen Texten dazu über, den Leser durch hart aneinandergereihte Fakten zu informieren, anstatt Mitleid durch künstlerische Ausgestaltung zu erwecken.

3 Erläutern Sie anhand der Bilder, inwiefern sich das Verständnis des Künstlers in der Epoche der Neuen Sachlichkeit verändert hat. Gehen Sie dabei davon aus, dass Meidners Bild nicht einfach nur ein Selbstbildnis ist, sondern auch exemplarisch ein bestimmtes Bild vom Künstler zeichnet.

4 Überlegen Sie vor dem Hintergrund Ihrer literaturgeschichtlichen Kenntnisse und Ihres Wissens zum Ersten Weltkrieg, inwiefern die Neue Sachlichkeit als Reaktion auf den Ersten Weltkrieg, die „Urkatastrophe des 20. Jahrhunderts“ (George F. Kennan), verstanden werden kann.

5 Entwerfen Sie eine Schlagwort-Wolke zur Neuen Sachlichkeit, in der Sie das bisher erworbene Wissen und Informationen aus dem folgenden Text festhalten.

Zur Epoche der Neuen Sachlichkeit

Die Einteilung literaturgeschichtlicher Epochen ist ein nützliches Instrument, jedoch darf hierbei nicht die „Gleichzeitigkeit des Ungleichzeitigen“ (Ernst Bloch) übersehen werden: In der modernen Gesellschaft des 19. Jahrhunderts steigen nicht nur die Bevölkerungszahlen, sondern auch die Facetten des künstlerischen Ausdrucks. Dennoch lassen sich für die Epoche der Neuen Sachlichkeit typische Merkmale herausarbeiten. Diese Strömung thematisiert wie der Expressionismus die Urbanisierung und die Entwicklungen der Industrialisierung. Die Sichtweise auf diese Epoche als Epoche des „Nach-Expressionismus“ (Franz Roh) resultiert also nicht aus einem unterschiedlichen Themenschwerpunkt, sondern aus der gestalterischen Abgrenzung vom Expressionismus. Insofern zielt der Romanschreiber Erik Reger, ganz im Gegensatz zum O-Mensch-Pathos des Expressionismus, auf eine Literatur ab, die nicht dichtet, sondern die Vernunft mobilisiert, Urteile fordert, einen deutlichen Nutzwert hat. Auch Brecht provoziert mit seinem epischen Theater die Urteile der Zuschauer. Selbst im Bereich der Lyrik geht es nicht mehr um die Leiden eines lyrischen Ichs, die Fokussierung der Innenwelt wird auch hier aufgegeben.

Der Modus des Berichtens wird vorherrschend, der aufkommende Film wird zum Vorbild für die Literatur: Objektiv und neutral soll die Wirklichkeit gebannt werden. Der neusachliche Typus ist der von außen auf die Dinge schauende Intellektuelle, der eine politische Richtungszuweisung vermeidet. Die Abbildung der Realität mit Worten steht über der psychologischen Ausgestaltung von Figuren. Die Darstellung der Wirklichkeit bleibt oberstes Ziel, doch eben gegen diese Idee von Wirklichkeit wenden sich die Kritiker der Neuen Sachlichkeit.

So bemängelt Siegfried Kracauer die geringe analytische Kraft eines solchen, an publizistischen Formen wie dem Bericht orientierten Schreibens. Er sieht die Wirklichkeit als „Konstruktion“, die nicht in der „mehr oder minder zufälligen Beobachtungsfolge der Reportage enthalten“ ist, sondern sich erst als eine Art „Mosaik“ ergibt, wenn die Erkenntnis des Gehalts der Beobachtungen „zusammengestiftet wird“. Brecht wird später einmal darauf hinweisen, dass eine Fotografie der Krupp-Werke nichts über das Leben in ihnen aussagt. Auch für Béla Balázs ergibt sich Wirklichkeit nicht aus Tatsachen, sondern aus deren Sinngebung durch den Menschen. Ein reines Abbilden von Ereignissen durch Sprache reiche nicht aus, um Wirklichkeit zu erreichen. Mit Joseph Roth wendet sich 1930 ausgerechnet derjenige, der mit seinen Reportagen und seinem Roman *Flucht ohne Ende* als einer der Hauptvertreter der Neuen Sachlichkeit galt, gegen diese literarische Richtung.

Schlagwort-Wolke „Neue Sachlichkeit“

4 Joseph Roth – „Schluss mit der Neuen Sachlichkeit“

Eine Concept-Map zu einem poetologischen Sachtext Joseph Roths erstellen M18

Textstelle	Schlüsselbegriffe / Kurznotizen
Es ist keineswegs eine besondere Eigenschaft des Lesers von heute, auf Zeugenaussagen begieriger zu sein als auf Berichte. Den „Leser“ aller Zeiten hat der Augenzeuge vor allem interessiert. Dem „Leser“, dem „Hörer“ aller Zeiten erscheint der ungeformte, der formlose, kunstlose Bericht: also die *Mitteilung des Zeugen,* glaubwürdiger als der künstlerische Bericht. Der „Leser“ ist primitiv und hat den Respekt des Primitiven vor dem „Wirklichen“. [...] Der künstlerische Berichter, also der Romancier zum Beispiel, hat immer einen größeren Widerstand zu überwinden als der Schreiber von Tatsachen. [...] Der primitive Leser will entweder ganz in der Wirklichkeit bleiben oder ganz aus ihr fliehen. Er muß eine Hemmung überwinden, ehe er sich der Spannung der Wahrheit ergibt, der Wahrheit, die das Kennzeichen und Ziel des künstlerischen Berichts ist.	
Ein Leser, der etwa eine Eisenbahnkatastrophe erlebt, findet in einer jene Katastrophe schildernden Zeugenaussage eine höchst mangelhafte, ja vielleicht vollkommen gefälschte Darstellung. Erst ein künstlerischer Bericht von einer Eisenbahnkatastrophe (irgendeiner) erschiene dem Leser als eine „echte“ Wiedergabe des Unglücks, das er miterlebt hat. Der „künstlerische Bericht“ erreicht jenen Grad, auf dem er des Details nicht mehr bedarf, um gültig zu sein. Die Zeugenaussage war „authentisch“. Aber sie erreicht beim Leser [, der das Unglück miterlebt hat,] nicht einmal den Grad der Glaubwürdigkeit, weil er (zufälliger) Teilnehmer am Ereignis war, also die reale Unmittelbarkeit seiner Eindrücke *nur* in der „poetischen“ des geformten Berichts wiederfinden kann; nicht aber in der ungeformten Simplizität der „dokumentarischen“ Mitteilung. Sie, die „das Leben“ selbst zu bezeugen scheint, ist weit entfernt, nicht nur von der „inneren“ oder „höheren Wahrheit“, sondern auch von der Kraft der Wirklichkeit. Und erst das „Kunstwerk“ ist „echt wie das Leben“.	
Dennoch erscheint es notwendig, obwohl es selbstverständlich sein müßte, also nur der Klärung halber, zu betonen, daß der künstlerische Berichter an die Wirklichkeit gebunden ist *und daß sie immer sein Material bleibt, wie die Sprache sein Werkzeug.* Die „Wirklichkeit“: der ganze Komplex menschlicher Beziehungen, menschlicher Leiden, menschlicher Freuden, menschlicher Laster, menschlicher Tugenden. Der wichtigste – und man gestatte gelegentlich ein pathetisches Wort: der erhabenste Gegenstand literarischer Behandlung ist der Mensch, der wirkliche, lebendige Mensch. Einen Menschen so darzustellen, daß man ihn sieht, hört, fühlt, ist die Aufgabe der Autoren [...]. Der lebendige Mensch nun ist von der Wirklichkeit nicht zu lösen, nicht von Tatsachen, nicht von Zahlen und Ziffern, nicht von Größen und Maßstäben, nicht von „Details“. Eine genaue Kenntnis der Realität wird vom Berichter gefordert werden – nicht damit er sie detailgetreu benütze, sondern damit er sie beliebig und schöpferisch verändere. Es gibt keine Wahrhaftigkeit im literarischen Kunstwerk ohne Wahrscheinlichkeit. Um diese zu erzeugen, muß der Berichter „beobachtet“ haben, „das Leben kennen“, „die Welt kennen“. Ja, in der Kenntnis der „nackten Tatsachen“ mit dem Augenzeugen wetteifern. Der Erzähler ist ein Beobachter und ein Sachverständiger. Sein Werk ist niemals von der Realität gelöst, sondern in Wahrheit (durch das Mittel der Sprache) umgewandelte Realität. („Real“ ist unter gewissen Bedingungen, deren Erörterung nicht hierher gehört, auch die sogenannte „phantastische“ Welt.)	

Aus: Die Literarische Welt, erschienen am 17. und 24. 2. 1930
Zitiert nach: Joseph Roth: Werke 3. Das journalistische Werk. 1929–1939. Hrsg. von Klaus Westermann, S. 153–164.

1 Lesen Sie den Text genau und notieren Sie in der Randspalte Schlüsselbegriffe und zentrale Aussagen Joseph Roths zur Aufgabe des Schriftstellers.

2 Führen Sie die begonnene Concept-Map fort, indem Sie Inhalt und argumentativen Aufbau von Roths Absage an die Neue Sachlichkeit aufzeigen.

info

Das Anfertigen einer Concept-Map

Als Schüler hat man oft mit dem Problem des Vergessens zu kämpfen. Dieses Problem tritt häufig dann auf, wenn man eine Lernmethode wählt, die eine nur oberflächliche Verarbeitung von Inhalten zulässt. Eine Concept-Map ist zwar aufwendig, erspart aber dennoch viel Zeit, da sie eine hohe Verarbeitungstiefe von Inhalten hat.

Beim Anlegen einer Concept-Map zu einem Text sollten Sie wie folgt vorgehen:

1. Text lesen
2. wichtige Begriffe herausschreiben und Signalwörter markieren, die Ihnen die Struktur des Textes verdeutlichen (z. B. „wie" als Hinweis auf einen Vergleich; „sondern" als Hinweis auf eine gegenteilige Aussage; „ergänzend" als Hinweis auf eine Erweiterung von zuvor Dargelegtem; „also" als Hinweis auf eine Schlussfolgerung etc.)
3. Begriffe auf einem Blatt Papier (DIN-A3-Blätter und Plakate eignen sich gut) anordnen
4. Begriffe durch Pfeile verbinden
5. Pfeile beschriften

Eine Concept-Map gelingt nur dann, wenn Sie sich so aktiv mit dem Text auseinandergesetzt haben, dass Sie ihn nicht nur grob verstanden haben, sondern auch inhaltlich und gedanklich genau reorganisieren können.

Concept-Map

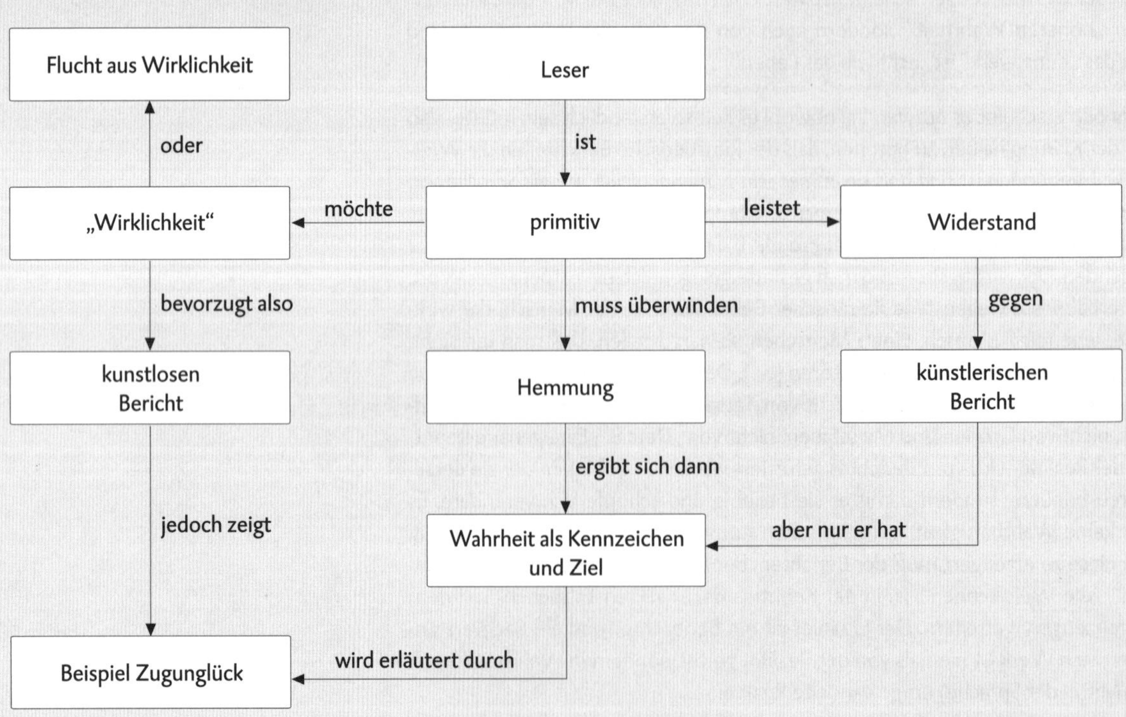

Der historische Hintergrund – Das ostjüdische Schtetl, Auswanderungsbewegungen und Amerika

Historische Informationen zum Schtetl auf den Roman beziehen **M19**

Das Schtetl

In jüdischer Nachkriegsvorstellung ist das Schtetl besonders für diejenigen, die es nie gekannt haben, zum Ort und Inbegriff des Verlustes geworden. Oft dachte man es sich als den Ort größter jüdischer Authentizität, die entweder als Geistigkeit oder als Leid definiert wurde. Für manche läßt das Wort „Schtetl" rührende, herzerwärmende Bilder von Menschen in malerischem schwarzen Gewand erstehen oder krumme Gäßchen à la Chagall und Fiedler auf Strohdächern. Für andere bedeutet es Pogrome und bäuerliches Barbarentum. Doch solange es währte, war das Schtetl weder eine Utopie noch eine Dystopie[1], sondern ein kohärentes, sonderbares und überraschend widerstandsfähiges soziales Gebilde. Eingebettet in das osteuropäische Bauernland, hatte das Schtetl bis ins zwanzigste Jahrhundert seinen tief religiösen und zutiefst traditionsverhafteten Charakter bewahrt. Frömmigkeit bestimmte die Ordnung konkreter täglicher Rituale, an denen jeder sich beteiligte, und die Ordnung scheinbar ewiger Wahrheiten und Werte, von denen alle sich leiten ließen. Vielleicht lag der Hauptvorzug des Schtetls für seine Bewohner darin, daß es eine wirkliche Gemeinschaft war – klein, eng verknüpft, beruhigend vertraut. In diesen ländlichen Enklaven brauchte niemand unter dem modernen Unbehagen zu leiden, sich unsicher und nicht zugehörig zu fühlen. Den ruhelosen und wißbegierigen Köpfen jedoch, denen, die in die Großstädte zogen oder an noch fernere Gestade, den geistigen Aufrührern und außenstehenden Beobachtern, erschien das Schtetl als abgekapselt, abergläubisch und jeder fortschrittlichen Bewegung abhold. Schon vor seiner widernatürlichen Zerstörung hatte das Schtetl nach Jahrhunderten des Stillstands begonnen, den unentrinnbaren Kräften der Modernisierung nachzugeben, und hätte möglicherweise auch bei normalem Verlauf der Dinge[2] allmählich etwas Neuem und Unvorhersehbarem weichen müssen.

Aus: Eva Hoffmann: Im Schtetl. Die Welt der polnischen Juden. Aus dem Englischen von Sylvia List. Wien: Zsolnay, 2000, S. 24f.

Darstellungen eines Schtetls durch M. Trzebinski

1 Dystopie: Gegenteil der Utopie; auch: Anti-Utopie
2 gemeint ist: wenn es nicht zur Zerstörung der Schtetl durch die Nationalsozialisten während des 2. Weltkriegs gekommen wäre

Prüfen Sie, inwiefern Eva Hoffmanns Darstellung des Schtetls mit jener in *Hiob* übereinstimmt.

M 20 Informationen zu jüdischen Glaubensausprägungen auf den Roman beziehen

Joseph Roth über die Bedeutung von Wunderrabbis

Sehr deutlich ist die Trennung zwischen sogenannten aufgeklärten Juden und den Kabbalagläubigen[1], den Anhängern der einzelnen Wunderrabbis, von denen jeder seine bestimmte „Chassidim"gruppe hat. Die aufgeklärten Juden sind nicht etwa ungläubige Juden. Sie verwerfen nur jeden Mystizismus und ihr fester Glaube an die Wunder, die in der Bibel erzählt werden, kann nicht erschüttert werden durch die Ungläubigkeit, mit der sie den Wundern des gegenwärtigen Rabbis gegenüberstehen. Für die Chassidim ist der Wunderrabbi der Mittler zwischen Mensch und Gott. Die „aufgeklärten" Juden bedürfen keines Mittlers. Ja, sie betrachten es als Sünde, an eine irdische Macht zu glauben, die imstande wäre, Gottes Ratschlüssen vorzugreifen, und sie sind selbst ihre eigenen Fürsprecher. Dennoch können sich viele Juden, auch, wenn sie keine Chassidim sind, der wunderbaren Atmosphäre, die um einen Rabbi weht, nicht entziehen und ungläubige Juden und selbst christliche Bauern begeben sich in schwierigen Lagen zum Rabbi, um Trost und Hilfe zu finden. [...] Der Rabbi hilft und vermittelt nicht nur zwischen Mensch und Gott, sondern, was noch schwieriger ist, zwischen Mensch und Mensch. [...] Er hilft mit einem Rat ebenso, wie mit einem Gebet. Er hat gelernt, die Sprüche der Schriften und die Gebote Gottes so auszulegen, daß sie den Gesetzen des Lebens nicht widersprechen und daß nirgends eine Lücke bleibt, durch die der Leugner schlüpfen könnte. Seit dem ersten Tag der Schöpfung hat sich vieles geändert, nicht aber Gottes Wille, der sich in den Grundgesetzen der Welt ausdrückt. Man bedarf keiner Kompromisse, um das zu beweisen. Alles ist nur Sache des Begreifens. Wer soviel erlebt hat, wie der Rabbi, kommt bereits über den Zweifel hinaus. Das Stadium des Wissens hat er schon hinter sich. [...] Man glaubt nicht mehr dem Wissenden. Man glaubt dem Glaubenden.

Isidor Kaufmann (1853–1921): Porträt eines Rabbis

Aus: Joseph Roth: Juden auf Wanderschaft. In: Joseph Roth: „Ich zeichne das Gedicht der Zeit". Essays – Reportagen – Feuilletons. Hrsg. u. komm. v. Helmuth Nürnberger. Göttingen: Wallstein, 2010, S. 158, 163.

1 Kabbala: mystisch orientierte Tradition mit verschiedenen Strömungen ohne einheitliche, verbindliche Dogmatik

1 Stellen Sie den „sogenannten aufgeklärten Juden" den Chassidim gegenüber. Welcher Ausprägung des Glaubens können Mendel und Deborah zugeordnet werden? Begründen Sie Ihre Zuordnung.

Gruppe	Merkmale der Glaubensausprägung	Mendel oder Deborah
sogenannte aufgeklärte Juden		
Chassidim		

2 Deuten Sie auf der Basis des Informationstextes und Ihrer Romankenntnisse, welche Glaubensweise Roth bevorzugt.

Historische Gründe für die Auswanderung auf den Roman beziehen

M 21

Die Auswanderungsbewegung Ende des 19. Jahrhunderts

Doch noch einmal zurück zu den dunklen Zeiten im russischen Zarenreich. Für kurze Zeit gab es einen Hoffnungsschimmer für die russischen Juden: den liberaleren Zaren Alexander II. (1818–81). Dieser erlaubte 1861 gut ausgebildeten und wohlhabenden Juden erstmals auch Wohn- und Arbeitsrechte außerhalb des jüdischen Rayons[1].

Nach seiner Ermordung 1881 kam es zu einem Ausbruch von Gewalt gegen die inzwischen gut fünf Millionen Juden im Westen Russlands, wie es sie in dieser Brutalität bis dahin nicht gegeben hatte. Der neue Zar Alexander III. (1845–94) verfolgte eine offen judenfeindliche Politik, und erließ „provisorische Verordnungen" gegen Juden, um – wie er in Verdrehung der Wirklichkeit behauptete – die „Hauptbevölkerung vor den Juden zu schützen". Unmittelbar nach seiner Krönung wurden rund hundert Schtetl von Soldaten und russischen Nachbarn dem Erdboden gleichgemacht. Diese Pogrome ließen auch in den folgenden Jahren nicht nach, sondern brachen in verschiedenen Regionen und Städten immer wieder auf. Eine massenhafte Auswanderung gen Westen war die Folge.

Hunderttausende überwiegend arme Juden aus Osteuropa machten sich auf: Viele hatten von jenem neuen „gelobten Land Amerika" gehört, wo es gleiche Rechte für alle geben sollte. Aber der Weg dorthin war weit [...].

Wegen seiner direkten Grenzen zu Russland und Österreich-Ungarn spielte Deutschland auch eine zunehmend wichtige Rolle als „Durchreiseland": Rund zweieinhalb Millionen jüdische Auswanderer zogen von hier aus weiter nach Frankreich, England, Belgien und die Niederlande oder verließen Europa von den deutschen Häfen in Hamburg und Bremen. Der Hamburger Kaufmann Albert Ballin, Direktor der „Hamburg-Amerika-Linie", der sich bis dahin unter anderem auf Getreideimporte aus den USA spezialisiert hatte, nutzte den leeren Frachtraum auf der Hinfahrt und begann, einen Transfer der Flüchtlinge mit hohem Profit für sein Unternehmen zu organisieren. Es ging soweit, dass er selbst Werbezettel in Osteuropa für seine „günstigen Passagen" verteilen und dort Ticket-Verkaufsstellen eröffnen ließ. Zu Hochzeiten des Geschäfts bekamen die Reisenden Deutschland nicht mal mehr zu Gesicht: An der deutschen Grenze wurden sie nach vorgeschriebener Entlausung in Güterzügen direkt bis an den Hafen gebracht, wo sie in abgeschirmten Baracken auf ihr Schiff warten mussten.

Um 1800 lebten etwa 15 000 Juden in den USA. Zwischen 1820 und 1880 wanderten rund 250 000 Juden ein, die überwiegend aus Mitteleuropa kamen und wegen der großen Anzahl deutscher Juden oft einfach „Germans" genannt wurden. Sie waren meist nicht reich, aber verstanden es doch, in der schnell wachsenden Wirtschaft eigene Unternehmen zu starten und Wohlstand aufzubauen.

Ein Beispiel für solch eine amerikanische Traumkarriere „vom Tellerwäscher zum Millionär" ist die des achtzehnjährigen Lob Strauss aus dem bayrischen Städtchen Buttenheim, der 1847 mit seiner Mutter und zwei Schwestern in die USA auswanderte. Im Hafen von New York übersetzte er seinen Vornamen. Als Levi Strauss (1829–1902) sollte er einige Jahre später eine der bis heute weltweit größten Bekleidungsfirmen gründen. Zunächst jedoch folgte er den Goldsuchern nach Westen und verdiente sich sein Geld als kleiner Händler. In einem Kaff in Kalifornien versuchte er, einem der Goldgräber ein Zelt zu verkaufen. Der brauchte jedoch eine Hose. Ohne weiter nachzudenken, zerschnitt Levi das Zelt, heuerte einen Schneider an und ließ eine stabile Hose nähen, in die besonders große Taschen und Riemen für Werkzeug eingearbeitet wurden. Der Goldgräber war begeistert und zahlte sechs Dollar. Was noch wichtiger war: Er erzählte, wer ihm die Hose gemacht hatte und bald kamen noch mehr Aufträge für Levis Hosen. Innerhalb weniger Jahre hatte das Unternehmen „Levi Strauss & Co." Fabriken an der Ost- wie Westküste. Heute sind „Levi's Blue Jeans" eine Weltmarke – und ein Symbol des amerikanischen „way of life" dazu.

Und doch war jene erste Gruppe jüdischer Einwanderer bis 1880 trotz ihres wirtschaftlichen Einflusses klein im Vergleich zu dem Strom, der ab dann vor allem aus Osteuropa anschwoll. Von 1880 bis 1900 kamen etwa 750 000 neue jüdische Einwanderer dazu. Bis 1910 gab es insgesamt rund 2 Millionen Juden in den USA, bis 1914 waren es 3 Millionen. Als die Masse der neuen Einwanderer in Amerika eintraf, waren die scheinbar „unbegrenzten" Möglichkeiten bereits zum Mythos geworden. In den rasch wachsenden Städten wurden nun vor allem billige Industriearbeiter gebraucht.

In New York gab es 1880 rund 10 Prozent Juden, bis 1915 war ihr Anteil auf ein Drittel gestiegen. Die armen Juden wohnten vor allem dicht gedrängt – „enger als in den engsten Gassen Bombays" – in schäbigen Mietskasernen in der Lower East Side von Manhattan. Viele, oft ganze Familien, arbeiteten in der Bekleidungsindustrie unter unwürdigsten Bedingungen. Von den rund 67 000 Arbeitern in diesem Industriezweig waren allein in New York 75 Prozent Juden.

[...]

Mit ungeheurem Einsatz schafften es im Laufe der Zeit viele jüdische Emigranten, sich aus dem Elend in bessere Positionen hochzuarbeiten. Das Judentum in den USA entwickelte zunehmend eine Stärke und Vielfalt, deren Einfluss über religiöse Belange hinaus weit in die allgemeine Politik und Kultur hineinzureichen begann. Wie umwälzend dieser Umzug vom osteuropäischen Schtetl in die amerikanische Großstadt erlebt wurde, fasste 1887 der Schriftsteller Moses Weinberger (1854–1940) so zusammen: „Ja, wie erschreckend ist die Stärke Amerikas! In einem Jahr macht es aus ‚Rachel, dem Weib des Reb Jakob' eine ‚Mrs. Jacobs' und aus ‚Reb Baruch, dem Flickschuster und Schuhmacher' einen ‚Mr. Benet, Schuhfabrikation'. Nimmt man die Aufklärung in Berlin und in ganz Europa zusammen, so hat sie in einem halben Jahrhundert nicht so viel vermocht."

Aber nicht alle sahen eine sinnvolle Zukunft in der Auswanderung nach Amerika und im „Amerikanischen Traum" vom materiellen Aufstieg.

Aus: Lutz van Dijk erzählt die Geschichte der Juden. © 2001 Campus Verlag GmbH, Frankfurt a. M. 2002, S. 100–106.

1 Als Ansiedlungsrayon wird das Gebiet im europäischen Teil des russischen Kaiserreiches bezeichnet, auf das zwischen Ende des 18. und Anfang des 20. Jahrhunderts das Wohn- und Arbeitsrecht der jüdischen Bevölkerung beschränkt war.

1 Ergänzen Sie im Zeitstrahl die Informationen über die jüdischen Einwanderungen in die USA.

1800 1810 1820 1830 1840 1850 1860 1870 1880 1890 1900 1910 1914/15

2 Entnehmen Sie dem Text die zentralen historischen Informationen zu den folgenden Aspekten: Gründe für die Auswanderung von Ostjuden, Wege der Auswanderung, Lebenssituation der ausgewanderten Ostjuden in New York.

3 Vergleichen Sie die historische Darstellung mit der literarischen Darstellung in Joseph Roths *Hiob*.

Einen journalistischen Textauszug von Joseph Roth mit dem Roman vergleichen M 22

Joseph Roth: Juden auf Wanderschaft (1927, Auszug)

Viele wandern aus Trieb [aus] und ohne recht zu wissen warum. Sie folgen einem unbestimmten Ruf der Fremde oder dem bestimmten eines arrivierten Verwandten, der Lust, die Welt zu sehen und der angeblichen Enge der Heimat zu entfliehen, dem Willen, zu wirken und ihre Kräfte gelten zu lassen. Viele kehren zurück. Noch mehr bleiben unterwegs. Die Ostjuden haben nirgends eine Heimat, aber Gräber auf jedem Friedhof. Viele werden reich. Viele werden bedeutend. Viele werden schöpferisch in fremder Kultur. Viele verlieren sich und die Welt. Viele bleiben im Getto, und erst ihre Kinder werden es verlassen. Die meisten geben dem Westen mindestens soviel, wieviel er ihnen nimmt. Manche geben ihm mehr, als er ihnen gibt. Das Recht, im Westen zu leben, haben jedenfalls alle, die sich opfern, indem sie ihn aufsuchen.

Arme Juden in New York, die kostenloses Matze (jüdisches Brot) nach Hause nehmen, April 1908

Aus: Joseph Roth: Juden auf Wanderschaft. In: Joseph Roth: „Ich zeichne das Gedicht der Zeit". Essays – Reportagen – Feuilletons. Hrsg. u. komm. v. Helmuth Nürnberger. Göttingen: Wallstein, 2010, S. 145.

1 Vergleichen Sie Roths Ausführungen über Auswanderungen mit den entsprechenden Aspekten in seinem Roman *Hiob*.

Aspekt	Auszug aus „Juden auf Wanderschaft"	Roman „Hiob"
Motivation für die Auswanderung		
Heimat		
Soziale/finanzielle Situation ausgewanderter Ostjuden		

2 Leiten Sie aus dem Auszug aus *Juden auf Wanderschaft* Joseph Roths Einstellung zur Auswanderung von Ostjuden ab.

M 23 Drei Textauszüge zur Ankunft in den USA hinsichtlich der Symbolik vergleichen

Hugo Bettauer: Das blaue Mal (Auszug, 1922)

Bleich und schlanker noch als sonst, die schwermütigen dunklen Augen tiefliegend, stand Carlo im blauen, leichten Cheviotanzug, elegant, durchaus Dandy, an Deck und starrte, vom Fieber der Erwartung ergriffen wie alle um ihn her, dem Hafen von New York entgegen. Da lag links das grüne, flache Ellis Island, jene unselige, von Martern erfüllte Insel; auf der die armen Zwischendeckler und die irgendwie verdächtigen Kajütenpassagiere zum erstenmal Zeit bekommen, darüber nachzudenken, ob die mächtige Freiheitsstatue nicht im Laufe eines Jahrhunderts aus einem köstlichen Symbol zu einem nichtssagenden Bauwerk geworden sei. Hinter der Freiheitsstatue aber schoben sich, nun schon in greifbarer Nähe, ungeheuere Häuser, die Wolkenkratzer, die Hochburgen des neuzeitlichsten Merkantilismus, die Überwinder von Raumnot und Enge. Und scharfen Ohren war es, als würden sie aus dem entgegenflimmernden Chaos von Stein das Branden des Völkermeeres, den Puls der Sechsmillionenstadt hören.

Carlos Gestalt straffte und dehnte sich.

Dort lag das Leben, sein Leben. Dort winkte Kampf und Preis. Dort mußte sich erweisen, ob er als Überflüssiger untergehen, als einer von Millionen mitschwimmen, als Begnadeter oben bleiben würde. Dort würde es gelten, ob er alles, was er gelernt und erlebt, die Sprachen, die er beherrscht, die Erziehung, die er genossen, die Intelligenz, die ihn schärfer sehen und denken ließ als andere, in gute Münze würde umsetzen können.

Quelle: Hugo Bettauer: Das blaue Mal. Der Roman eines Ausgestoßenen. Wien/Leipzig: Löwit, 1922.

Franz Kafka: Der Verschollene (Auszug, 1927)

Als der sechzehnjährige Karl Roßmann, der von seinen armen Eltern nach Amerika geschickt worden war, weil ihn ein Dienstmädchen verführt und ein Kind von ihm bekommen hatte, in dem schon langsam gewordenen Schiff in den Hafen von New York einfuhr, erblickte er die schon längst beobachtete Statue der Freiheitsgöttin wie in einem plötzlich stärker gewordenen Sonnenlicht. Ihr Arm mit dem Schwert ragte wie neuerdings empor, und um ihre Gestalt wehten die freien Lüfte.

„So hoch!“ sagte er sich und wurde, wie er so gar nicht an das Weggehen dachte, von der immer mehr anschwellenden Menge der Gepäckträger, die an ihm vorüberzogen, allmählich bis an das Bordgeländer geschoben.

Ein junger Mann, mit dem er während der Fahrt flüchtig bekannt geworden war, sagte im Vorübergehen: „Ja, haben Sie denn noch keine Lust, auszusteigen?“ „Ich bin doch fertig“, sagte Karl, ihn anlachend, und hob aus Übermut, und weil er ein starker Junge war, seinen Koffer auf die Achsel. Aber wie er über seinen Bekannten hinsah, der ein wenig seinen Stock schwenkend sich schon mit den andern entfernte, merkte er bestürzt, daß er seinen eigenen Regenschirm unten im Schiff vergessen hatte.

Quelle: Franz Kafka: Amerika. München: K. Wolff, 1927.

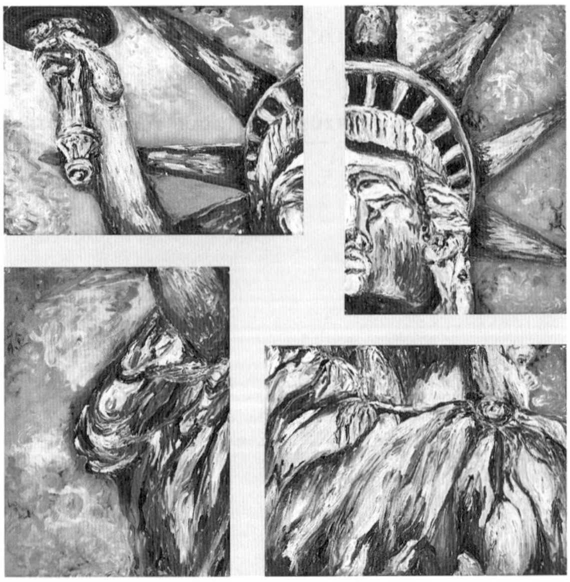

Julio Aguilera: „Lady Liberty Cracked“. Öl auf Leinwand.

Joseph Roth: Hiob

Den vierzehnten Abend der Seereise erleuchteten die großen, feurigen Kugeln, die von den Leuchtschiffen abgeschossen wurden. „Jetzt erscheint“, sagte ein Jude, der schon zweimal diese Fahrt mitgemacht hatte, zu Mendel Singer, „die Freiheitsstatue. Sie ist hunderteinundfünfzig Fuß hoch, im Innern hohl, man kann sie besteigen. Um den Kopf trägt sie eine Strahlenkrone. In der Rechten hält sie eine Fackel. Und das schönste ist, daß diese Fackel in der Nacht brennt und dennoch niemals ganz verbrennen kann. Denn sie ist nur elektrisch beleuchtet. Solche Kunststücke macht man in Amerika.“

Am Vormittag des fünfzehnten Tages wurden sie ausgeladen. Deborah, Mirjam und Mendel standen enge nebeneinander, denn sie fürchteten, sich zu verlieren. (S. 99)

1 Interpretieren Sie die drei Textauszüge hinsichtlich des Symbols der Freiheitsstatue und hinsichtlich der Voraussetzungen, Erwartungen und Ängste der Figuren bei der Ankunft in New York.

Das blaue Mal | **Hiob** | **Der Verschollene**

Freiheitsstatue

Voraussetzungen und Erwartungen

Das blaue Mal | **Hiob** | **Der Verschollene**

2 Deuten Sie die drei Textauszüge vergleichend im Hinblick auf die Fragen, die bezüglich der Zukunft in Amerika aufgeworfen werden.

Erarbeitung eines tieferen Textverständnisses

1 Mendel Singer, Hiob und die Theodizee-Frage

M 24 Theodizee – Was ist das?

Theodizee im Judentum

Die Frage nach der Theodizee (von *theós:* Gott; *dike:* Gerechtigkeit) ist eine Grundfrage in vielen Religionen: Wie ist das Leid in der Welt erklärbar, wenn Gott zugleich allgütig und allmächtig ist? Die Theodizee-Problematik hat seit der bis heute unfassbaren Judenvernichtung im Zweiten Weltkrieg eine neue Qualität gewonnen. Dieser Höhepunkt eines rassisch motivierten Antisemitismus fällt jedoch in die Zeit nach der Niederschrift des *Hiob* durch Joseph Roth.

Die Frage nach dem Leid steht im Judentum in einem starken Kontrast zum Auserwähltheitsgedanken. Im seinem Selbstverständnis ist das jüdische Volk von Gott auserwählt. Diese Verbindung wird auch Bundesschluss genannt, womit auf die Ungleichheit der Vertragspartner hingewiesen wird. Die Thora berichtet von dem Abschluss des Bündnisses am Berge Sinai, in dem Gott zusagt, der Gott der Israeliten zu sein und dieses Volk über andere Völker zu stellen, um Gottes Ruhm und Namen zu verkünden. Des Weiteren fordert er, dass sie ausschließlich ihm angehören und alle seine Gebote befolgen. Mit der Annahme des Bündnisses durch das Volk wurde der Vertrag auch mit allen kommenden Geschlechtern abgeschlossen. Demnach ist bereits das Kind einer jüdischen Mutter dem jüdischen Glauben und der Erfüllung der Gebote verpflichtet.

Im jüdischen Glauben wird die Frage nach der Theodizee im Rahmen dreier Begriffe beantwortet: Strafe, Prüfung und Sühne. Noch heute gibt es ein Glaubensbekenntnis im Judentum, das besagt, dass dem rechtschaffenen Gläubigen Gutes widerfahre. Leid erfährt demnach nur derjenige, der eine Sünde begeht. Im Zweifelsfall kann sich die Sünde der Vorfahren auch auf die folgende Generation auswirken. Ein erwähltes Volk muss den Geboten Gottes in besonderem Maße Folge leisten. Da der Mensch nicht unfehlbar ist, kann die Strafe nur mit dem Verzeihen Gottes enden.

Diese Sichtweise wird durch den Holocaust radikal infrage gestellt. Nach dem jüdischen Leid im Nationalsozialismus musste sich das Judentum mit der Frage beschäftigen, inwiefern eine Existenz Gottes noch geglaubt werden kann. Die Idee der Sühne, also die Aufhebung einer Schuld durch eine Ausgleichsleistung, endet letztendlich wieder im Mechanismus von Sünde und Strafe. Wer unverschuldet Leid hinnehmen muss, der sühnt die Sünden eines anderen.

In der jüdischen Tradition wird mit Blick auf die Geschichte Hiobs auch eine Prüfungs-Theodizee diskutiert. Das Leid, das Gott zulässt, stellt hier eine Prüfung dar – eine Glaubensprobe. Hiob besteht seine Probe und erhält seine verlorenen Besitztümer doppelt zurück und bekommt sieben neue Söhne und drei neue Töchter. Ob eine solche Prüf-Theodizee in Anbetracht des erlittenen Leids im Holocaust aufrechtzuerhalten ist, bleibt diskutabel.

Wenn man diese drei Antwortmöglichkeiten auf die Thodizee-Frage nicht akzeptiert, bestünde noch die Möglichkeit, sich auf die Perspektive des verborgenen Gottes zurückziehen: Gott schickt zwar das Leid, jedoch sind dem Menschen die Gründe nicht einsehbar. Er muss also darauf vertrauen, dass Gott auch im Leid bei ihm ist, oder den Glauben an Gott aufgeben. Viktor Frankl, ein Psychologe, der 1945 noch rechtzeitig aus einem Konzentrationslager befreit worden war, berichtete von Juden, die mit einem Gebet auf den Lippen den Weg in die Gaskammer beschritten.

(in Anlehnung an: Alexander Loichinger/Armin Kreiner, Theodizee in den Weltreligionen. Ein Studienbuch, Paderborn 2010, S. 183–203.)

Markieren Sie im vorliegenden Text die Informationen, von denen sie denken, dass sie Ihnen für das Verständnis des Romans dienlich sind. Erarbeiten Sie zu dem Text eine Mindmap.

Hiob und Mendel vergleichen – Die Ausgangssituation

M 25

Das Buch Hiob (Ijob)

Hiobs Frömmigkeit und Glück

Es war ein Mann im Lande Uz, der hieß Hiob. Der war fromm und rechtschaffen, gottesfürchtig und mied das Böse.

Und er zeugte sieben Söhne und drei Töchter, und er besaß siebentausend Schafe, dreitausend Kamele, fünfhundert Joch Rinder und fünfhundert Eselinnen und sehr viel Gesinde, und er war reicher als alle, die im Osten wohnten.

Und seine Söhne gingen hin und machten ein Festmahl, ein jeder in seinem Hause an seinem Tag, und sie sandten hin und luden ihre drei Schwestern ein, mit ihnen zu essen und zu trinken.

Und wenn die Tage des Mahles um waren, sandte Hiob hin und heiligte sie und machte sich früh am Morgen auf und opferte Brandopfer nach ihrer aller Zahl; denn Hiob dachte: Meine Söhne könnten gesündigt und Gott abgesagt haben in ihrem Herzen. So tat Hiob allezeit.

Aus: Das Buch Hiob 1, 1–5; in: Lutherbibel, revidierter Text 1984

Durch die Titelgebung Roths wird Mendel Singer in unmittelbaren Vergleich mit Hiob gesetzt. Im Gespräch mit seinen Freunden wird Mendel Singer – nachdem die Freunde ihn abgehalten haben, seine Gebetsutensilien zu verbrennen – von Rottenberg auf die Ähnlichkeit dessen, was Hiob und Mendel wiederfahren ist, hingewiesen.

Vergleichen Sie die Ausgangslage Hiobs (vgl. Textauszug) mit der von Mendel vor dem Tod Deborahs und Sams und der Einlieferung Mirjams in die Nervenheilanstalt. Beachten Sie insbesondere die ökonomische Situation Mendels und Hiobs.

Ausgangslage Mendels vor den Todesfällen	Ausgangslage Hiobs vor Prüfung des Glaubens

M 26 Die Gespräche Mendels und Hiobs mit ihren Freunden

1 Hiob und Mendel Singer erleiden großes Unglück. In ihrem Elend erhalten Sie Unterstützung von ihren Freunden.
Geben Sie in eigenen Worten wieder, was Mendel Singers Freunde zu ihm sagen und was Mendel antwortet. Notieren Sie gegebenenfalls, welchen Theodizee-Ansatz der jeweilige Freund vertritt.

(Mendel) Gott ist grausam, und je mehr man ihm gehorcht, desto strenger geht er mit uns um. Er ist mächtiger als die Mächtigen, mit dem Nagel seines kleinen Fingers kann er ihnen den Garaus machen, aber er tut es nicht. Nur die Schwachen vernichtet er gerne. Die Schwäche eines Menschen reizt seine Stärke, und der Gehorsam weckt seinen Zorn. Er ist ein großer grausamer Isprawnik. Befolgst du die Gesetze, so sagt er, du habest sie nur zu deinem Vorteil befolgt. Und verstößt du nur gegen ein einziges Gebot, so verfolgt er dich mit hundert Strafen.	
	(Rottenberg) [E]rinnere dich an Hiob. Ihm ist Ähnliches geschehen wie dir. […] Auch er lästerte Gott. Und doch war es nur eine Prüfung gewesen. Was wissen wir, Mendel, was oben vorgeht? […]
	(Groschel) Und da siehst du auch […] [,] daß dein Vorwurf ungerecht ist. Denn Hiob war kein Schwacher, als Gott ihn zu prüfen begann, sondern ein Mächtiger. Und auch du warst kein Schwacher, Mendel! Dein Sohn hatte ein Kaufhaus, ein Warenhaus, er wurde reicher von Jahr zu Jahr. Dein Sohn Menuchim wurde beinahe gesund, und fast wäre er auch nach Amerika gekommen. Du warst gesund, dein Weib war gesund, deine Tochter war schön, und bald hättest du einen Mann für sie gefunden!
(Mendel) Warum zerreißt du mir das Herz, Groschel? […] Warum zählst du mir auf, was alles gewesen ist, jetzt, da nichts mehr ist? Meine Wunden sind noch nicht vernarbt, und schon reißt du sie auf.	
	(Die übrigen drei) Er hat recht[.]
	(Rottenberg) Dein Herz ist zerrissen, Mendel, ich weiß es. Weil wir aber über alles mit dir sprechen dürfen und weil du weißt, daß wir deine Schmerzen tragen, als wären wir deine Brüder, wirst du uns da zürnen, wenn ich dich bitte, an Menuchim zu denken? Vielleicht, lieber Mendel, hast du Gottes Pläne zu stören versucht, weil du Menuchim zurückgelassen hast? Ein kranker Sohn war dir beschieden, und ihr habt getan, als wäre es ein böser Sohn.
(Mendel) Und was willst du mit dem Beispiel Hiobs? Habt ihr schon wirkliche Wunder gesehen, mit euren Augen? Wunder, wie sie am Schluß von Hiob berichtet werden? Soll mein Sohn Schemarjah aus dem Massengrab in Frankreich auferstehen? […] Soll mein Sohn Menuchim mitten im Krieg aus Rußland hierher kommen, gesetzt den Fall, daß er noch lebt? Denn es ist nicht richtig […] [,] daß ich Menuchim böswillig zurückgelassen habe und um ihn zu strafen. Aus andern Gründen,	

meiner Tochter wegen, die angefangen hatte, sich mit Kosaken abzugeben – mit Kosaken –, mußten wir fort. Und warum war Menuchim krank? Schon seine Krankheit war ein Zeichen, daß Gott mir zürnt – und der erste der Schläge, die ich nicht verdient habe.	
	(Menkes) Obwohl Gott alles kann [...] [,] so ist doch anzunehmen, daß er die ganz großen Wunder nicht mehr tut, weil die Welt ihrer nicht mehr wert ist. Und wollte Gott sogar bei dir eine Ausnahme machen, so stünden dem die Sünden der andern entgegen. Denn die andern sind nicht würdig, ein Wunder bei einem Gerechten zu sehn, und deshalb mußte Lot auswandern, und Sodom und Gomorrha gingen zugrunde und sahen nicht das Wunder an Lot. Heute aber ist die Welt überall bewohnt – und selbst wenn du auswanderst, werden die Zeitungen berichten, was mit dir geschehen ist. Also muß Gott heutzutage nur mäßige Wunder vollbringen. [...] Deine Frau Deborah kann nicht lebendig werden, dein Sohn Schemarjah kann nicht lebendig werden. Aber Menuchim lebt wahrscheinlich, und nach dem Krieg kannst du ihn sehn. Dein Sohn Jonas ist vielleicht in Kriegsgefangenschaft, und nach dem Krieg kannst du ihn sehn. Deine Tochter kann gesund werden, die Verwirrung wird von ihr genommen werden [...]. Und einen Enkel hast du, den Sohn Schemarjahs. Nimm deine Liebe zusammen, die du bis jetzt für alle Kinder hattest, für diesen einen Enkel! Und du wirst getröstet werden.
(Mendel) Zwischen mir und meinem Enkel [...] ist das Band zerrissen, denn Schemarjah ist tot, mein Sohn und der Vater meines Enkels. Meine Schwiegertochter Vega wird einen andern Mann heiraten, mein Enkel wird einen neuen Vater haben, dessen Vater ich nicht bin. Das Haus meines Sohnes ist nicht mein Haus. Ich habe dort nichts zu suchen.	
(Mendel) Meine Anwesenheit bringt Unglück, und meine Liebe zieht den Fluch herab, wie ein einsamer Baum im flachen Felde den Blitz. Was aber Mirjam betrifft, so hat mir der Doktor selbst gesagt, daß die Medizin ihre Krankheit nicht heilen kann. Jonas ist wahrscheinlich gestorben, und Menuchim war krank, auch wenn es ihm besser ging. Mitten in Rußland, in einem so gefährlichen Krieg, wird er bestimmt zugrunde gegangen sein. Nein, meine Freunde! Ich bin allein und ich will allein sein. Alle Jahre habe ich Gott geliebt, und er hat mich gehaßt. Alle Jahre habe ich ihn gefürchtet, jetzt kann er mir nichts mehr machen. Alle Pfeile aus seinem Köcher haben mich schon getroffen. Er kann mich nur noch töten. Aber dazu ist er zu grausam. Ich werde leben, leben, leben.	
	(Groschel) Aber seine Macht [...] ist in dieser Welt und in der andern. Wehe dir, Mendel, wenn du tot bist!
(Mendel) Ich habe keine Angst vor der Hölle, meine Haut ist schon verbrannt, meine Glieder sind schon gelähmt, und die bösen Geister sind meine Freunde. Alle Qualen der Hölle habe ich schon gelitten. Gütiger als Gott ist der Teufel. Da er nicht so mächtig ist, kann er nicht so grausam sein. Ich habe keine Angst, meine Freunde.	

2 Im *Buch Hiob* reden die Freunde Elifas, Bildad und Zofar (später auch noch Elihus) mit Hiob. Erfassen Sie, wie diese gegen Hiobs Klage argumentieren.

(Elifas) Siehe, du hast viele unterwiesen und matte Hände gestärkt; deine Rede hat die Strauchelnden aufgerichtet, und die bebenden Knie hast du gekräftigt. Nun es aber an dich kommt, wirst du weich, und nun es dich trifft, erschrickst du! Ist nicht deine Gottesfurcht dein Trost, und die Unsträflichkeit deiner Wege deine Hoffnung? Bedenke doch: Wo ist ein Unschuldiger umgekommen? [...] Wohl aber habe ich gesehen: Die da Frevel pflügten und Unheil säten, ernteten es auch ein. Durch den Odem Gottes sind sie umgekommen [...]. Siehe, selig ist der Mensch, den Gott zurechtweist; darum widersetze dich der Zucht des Allmächtigen nicht. Denn er verletzt und verbindet; er zerschlägt und seine Hand heilt. In sechs Trübsalen wird er dich erretten, und in sieben wird dich kein Übel anrühren. [...] Und du wirst erfahren, dass deine Hütte Frieden hat, und wirst deine Stätte überschauen und nichts vermissen, und du wirst erfahren, dass deine Kinder sich mehren und deine Nachkommen wie das Gras auf Erden sind [...].(4,3–5,26)

(Bildad) Meinst du, dass Gott unrecht richtet oder der Allmächtige das Recht verkehrt? Haben deine Söhne vor ihm gesündigt, so hat er sie verstoßen um ihrer Sünde willen. Wenn du aber dich beizeiten zu Gott wendest und zu dem Allmächtigen flehst, wenn du rein und fromm bist, so wird er deinetwegen aufwachen und wird wieder aufrichten deine Wohnung, wie es dir zusteht. Und was du zuerst wenig gehabt hast, wird hernach sehr zunehmen. [...] Siehe, Gott verwirft die Frommen nicht und hält die Hand der Boshaften nicht fest, bis er deinen Mund voll Lachens mache und deine Lippen voll Jauchzens. [...] Weißt du nicht, dass es allezeit so gegangen ist, seitdem Menschen auf Erden gewesen sind, dass das Frohlocken der Gottlosen nicht lange währt und die Freude des Ruchlosen nur einen Augenblick? Wenn auch sein Scheitel in den Himmel reicht und sein Haupt an die Wolken rührt, so wird er doch für immer vergehen wie sein Kot [...]. (8,3–22; 20,4–7)

(Zofar) Du sprichst: „Meine Rede ist rein, und lauter bin ich vor deinen Augen." Ach, dass Gott mit dir redete und täte seine Lippen auf und zeigte dir die Tiefen der Weisheit – denn sie ist zu wunderbar für jede Erkenntnis –, damit du weißt, dass er noch nicht an alle deine Sünden denkt. Meinst du, dass du weißt, was Gott weiß, oder kannst du alles so vollkommen treffen wie der Allmächtige? Die Weisheit ist höher als der Himmel: was willst du tun?, tiefer als die Hölle: was kannst du wissen?, länger als die Erde und breiter als das Meer: wenn er daherfährt und gefangen legt und Gericht hält – wer will's ihm wehren? Denn er kennt die heillosen Leute; er sieht den Frevel und sollte es nicht merken? (11,1–11)

Hiob im Gespräch mit seinen Freunden (Gemälde von J. E. Repin, 1869)

3 Vergleichen Sie die Reden von Hiobs Freunden mit denen von Mendels Freunden. Gehen Sie auf die unterschiedlichen Argumentationen ein.

4 Lesen Sie die Auszüge aus dem Buch *Hiob* und arbeiten Sie stichwortartig Gemeinsamkeiten und Unterschiede im Gottesbild von Mendel und Hiob heraus.

Das Buch Hiob (Auszüge aus der Bibel)

Ausgelöscht sei der Tag, an dem ich geboren bin, und die Nacht, da man sprach: Ein Knabe kam zur Welt! Jener Tag soll finster sein und Gott droben frage nicht nach ihm! Kein Glanz soll über ihm scheinen! [...] Warum bin ich nicht gestorben bei meiner Geburt? Warum bin ich nicht umgekommen, als ich aus dem Mutterleib kam? [...] Warum gibt Gott das Licht dem Mühseligen und das Leben den betrübten Herzen – die auf den Tod warten, und er kommt nicht, und nach ihm suchen mehr als nach Schätzen, die sich sehr freuten und fröhlich wären, wenn sie ein Grab bekämen –, dem Mann, dessen Weg verborgen ist, dem Gott den Pfad ringsum verzäunt hat? (3,3–23)

Er [Gott] tut große Dinge, die nicht zu erforschen, und Wunder, die nicht zu zählen sind. [...] Siehe, wenn er wegrafft, wer will ihm wehren? Wer will zu ihm sagen: Was machst du? Gott wehrt seinem Zorn nicht; unter ihn mussten sich beugen die Helfer Rahabs. Wie sollte dann ich ihm antworten und Worte finden vor ihm? Wenn ich auch Recht habe, so kann ich ihm doch nicht antworten, sondern ich müsste um mein Recht flehen. Wenn ich ihn auch anrufe, dass er mir antwortet, so glaube ich nicht, dass er meine Stimme hört, vielmehr greift er nach mir im Wettersturm und schlägt mir viele Wunden ohne Grund. Er lässt mich nicht Atem schöpfen, sondern sättigt mich mit Bitternis. Geht es um Macht und Gewalt: Er hat sie. Geht es um Recht: Wer will ihn vorladen? Wäre ich gerecht, so müsste mich doch mein Mund verdammen; wäre ich unschuldig, so würde er mich doch schuldig sprechen. Ich bin unschuldig! Ich möchte nicht mehr leben; ich verachte mein Leben. Es ist eins, darum sage ich: Er bringt den Frommen um wie den Gottlosen. Wenn seine Geißel plötzlich tötet, so spottet er über die Verzweiflung der Unschuldigen. (9,10–23)

Mich ekelt mein Leben an. Ich will meiner Klage ihren Lauf lassen und reden in der Betrübnis meiner Seele und zu Gott sagen: Verdamme mich nicht! Lass mich wissen, warum du mich vor Gericht ziehst. Gefällt dir's, dass du Gewalt tust und verwirfst mich, den deine Hände gemacht haben, und bringst der Gottlosen Vorhaben zu Ehren? Hast du denn Menschenaugen, oder siehst du, wie ein Sterblicher sieht? Oder ist deine Zeit wie eines Menschen Zeit oder deine Jahre wie eines Mannes Jahre, dass du nach meiner Schuld fragst und nach meiner Sünde suchst, wo du doch weißt, dass ich nicht schuldig bin und niemand da ist, der aus deiner Hand erretten kann? Deine Hände haben mich gebildet und bereitet; danach hast du dich abgewandt und willst mich verderben? Bedenke doch, dass du mich aus Erde gemacht hast, und lässt mich wieder zum Staub zurückkehren? (10,1–9)

Aus: Lutherbibel, revidierter Text 1984

Parallelen im Gottesbild von Mendel und Hiob:

____

____

____

____

Unterschiede im Gottesbild von Mendel und Hiob:

____

____

____

____

____

G. Carrasco: Hiob auf dem Misthaufen (1881)

M 27 Hiob und Mendel vergleichen – Der Ausgang der Geschichte

Joseph Roth: „Hiob" (Romanende)

Der Sohn ging. Der Vater blieb auf dem Sofa, die Photographie legte er sachte neben sich. Sein müdes Auge schweifte durchs Zimmer zum Fenster. Von seinem tiefgelagerten Sofa aus konnte er einen vielgezackten wolkenlosen Ausschnitt des Himmels sehn. Er nahm noch einmal das Bild vor. Da war seine Schwiegertochter, Menuchims Frau, da waren die Enkel, Menuchims Kinder. Betrachtete er das Mädchen genauer, glaubte er ein Kinderbild Deborahs zu sehn. Tot war Deborah, mit fremden, jenseitigen Augen erlebte sie vielleicht das Wunder. Dankbar erinnerte sich Mendel an ihre junge Wärme, die er einst gekostet hatte, ihren roten Wangen, ihre halboffenen Augen, die im Dunkel der Liebesnächte geleuchtet hatten, schmale lockende Lichter. Tote Deborah!

Er stand auf, schob einen Sessel an das Sofa, stellte das Bild auf den Sessel und legte sich wieder hin. Während sie sich langsam schlossen, nahmen seine Augen die ganze blaue Heiterkeit des Himmels in den Schlaf hinüber und die Gesichter der neuen Kinder. Neben ihnen tauchten aus dem braunen Hintergrund des Porträts Jonas und Mirjam auf. Mendel schlief ein. Und er ruhte aus von der Schwere des Glücks und der Größe der Wunder. (S. 188)

Das Buch Hiob (Ende des Buches)

In der biblischen Vorlage kommt es zum Gespräch zwischen Hiob und Gott. Einleitend stellt Gott dabei die Frage, wer es wagt, „mit Worten ohne Verstand" seine Beschlüsse infrage zu stellen. Gott zeigt Hiob dessen Unwissenheit auf und verweist auf seine unangreifbare Macht. Hiob erkennt daraufhin, dass seine Vorwürfe gegen Gott ungerechtfertigt waren und er nicht das Wissen und die Macht hat, Gott zurechtzuweisen. Nach dem Gespräch segnet Gott Hiob und stattet ihn reich mit Familie und Gütern aus.

Und der HERR segnete Hiob fortan mehr als einst, sodass er vierzehntausend Schafe kriegte und sechstausend Kamele und tausend Joch Rinder und tausend Eselinnen. Und er bekam sieben Söhne und drei Töchter [...]. Und es gab keine so schönen Frauen im ganzen Lande wie die Töchter Hiobs [...]. Und Hiob lebte danach hundertundvierzig Jahre und sah Kinder und Kindeskinder bis in das vierte Glied. Und Hiob starb alt und lebenssatt.

Aus: Das Buch Hiob 42, 12–17, in: Lutherbibel, revidierter Text 1984

William Blake (1757–1827):
Hiob Illustrationen, Tafel 13 (Collage)

William Blake (1757–1827):
Die Wiederherstellung von Hiobs Wohlstand

1 Vergleichen Sie das Ende der biblischen Erzählung mit dem Ende des Romans *Hiob*.

Vergleichsaspekt	Joseph Roth: Hiob	Das Buch Hiob
Charakter des Endes (Happy End, abgeschlossenes oder offenes Ende …)		
Rolle der Kinder und Kindeskinder		
Länge und Ende des Lebens		

2 Lässt sich das Leid im Bibelbuch Hiob und im Roman von Joseph Roth erklären? Versuchen Sie, jeweils Antworten auf die Theodizee-Frage zu geben.

M 28 Zwei Ansichten zu Roths Hiob-Bezügen vergleichend beurteilen

Ob und inwieweit sich in Roths Roman die biblische Geschichte Hiobs wiederholt, wurde in der Rezeption des Romans verschieden beurteilt:

„Die biblische Hiob-Geschichte wiederholt sich in Roths Roman nicht. [...]. Mendel Singer glaubt, eine unmittelbare Beziehung zu Gott zu haben und rechtfertigt damit – nicht ausdrücklich, aber deutlich genug – seine Beziehungslosigkeit zu den Menschen. Von daher rührt alles Unglück [...]. Das Schreckliche, das sich ereignet, noch und noch, hat mit Gott nichts zu tun.
Die Glücksfälle am Ende des Romans haben mit Gott nichts zu tun."

Norbert Oellers: Literatur der Überredung – Überzeugung durch Poesie. In: Stefan Kaszyński (Hrsg.): Galizien – eine literarische Heimat. Poznań 1987, S. 151–161, hier: S. 157 f.

„Seine [des Romans] Geschichte ist die Mendel Singers, der ein armer Lehrer ist, schlicht und recht, gottesfürchtig;
und Schuld ist an ihm nicht zu finden. Er ist der reinste Hiob."

Hans Joachim: Romane für sich. In: Die Neue Rundschau. Bd. 42, Teil 1 (1931), S. 552–558, hier: S. 556

Stellen Sie die beiden Zitate einander gegenüber und beziehen Sie Stellung zu ihnen. Gehen Sie dabei auf die Frage ein, ob – und wenn ja, inwiefern – Mendel Singer im Roman schuldig wird.

2 Assimilation in Joseph Roths Roman

Ein soziologisches Modell der Assimilation auf den Roman anwenden M29

7 Stufen der Assimilation (nach Milton M. Gordon)

Gordons Modell beginnt mit der Phase, in der die Immigranten bereits in der Aufnahmekultur angekommen sind. Unter Akkulturation versteht Gordon die erste Veränderung nach Aufnahme von Neuankömmlingen – er meint Immigranten – mit einer neuen Kultur; der psychologische Akkulturationsbegriff bezieht sich auf den gesamten Prozess, den das Modell beschreibt. Gordon unterscheidet sieben Formen der Assimilation.

Die *erste Phase* ist geprägt durch die Umorientierung tradierter Verhaltensmuster in Richtung der normativ maßgeblichen Muster der Mehrheitskultur. Gordon setzt die erste Stufe der kulturellen Assimilation beziehungsweise der Assimilation auf der Verhaltensebene gleich. Gelingt die verhaltensbezogene Assimilation, dann hat ein Individuum in der *zweiten Phase* die Möglichkeit, sich strukturell durch die Aufnahme von direkten Kontakten mit Mitgliedern der Mehrheitskultur zu assimilieren. Dies funktioniere in der Regel durch den Eintritt in Cliquen, Vereine und Institutionen des Aufnahmesystems. Gordon beobachtet, dass diese Phase durch die Assimilation in Verwandtschaftsstrukturen abgelöst werden kann, wenn inter-ethnische Ehegemeinschaften entstehen. Diese führten in der *dritten Phase* zu einer Verschmelzung (Amalgamation) mit der Mehrheitskultur. Auf dieser Grundlage könne sich in der *vierten Phase* eine identifikationale Assimilation ergeben, die geprägt sei durch die Entwicklung eines Zugehörigkeitsgefühls zur Aufnahmegesellschaft in ausschließlicher Weise. Das sehen viele der zuvor skizzierten Modelle ähnlich, bei vielen Modellen ist das aber schon die finale Assimilationsstufe. Gordon beobachtet dagegen, dass selbst bei Vorliegen eines Zugehörigkeitsgefühls, das sich in der Identität darstellt, die Assimilation in anderen Aspekten nicht gegeben sein muss. *Minderheiten seien, auch wenn sie sich mit der Mehrheitsgesellschaft identifizierten, Vorurteilen und Diskriminierungen weiter ausgesetzt.* Das ist besonders hervorgehoben, denn diese Annahme ist neu und deckt sich mit vielen empirischen Befunden, die zuvor und auch später zur Sprache kommen. Erst das vollständige Ausbleiben oder die Überwindung von Vorurteilen und Diskriminierungen in der *fünften Phase* ermöglicht eine Assimilation der Minderheiten auf der Einstellungs- und Verhaltensebene in der *sechsten Phase,* und erst die Überwindung von Wert- und Machtkonflikten in der *siebten Phase* ermöglicht am Ende eine zivile Assimilation.

Aus: Andreas Zick: Psychologie der Akkulturation – Neufassung eines Forschungsbereiches. Wiesbaden: Verlag für Sozialwissenschaften 2010, S. 348.

1 Erstellen Sie eine Übersicht über die 7 Phasen der Assimilation nach Gordon.

Phasen	Kurzbeschreibung der Phase
Phase 1	
Phase 2	
Phase 3	
Phase 4	
Phase 5	
Phase 6	
Phase 7	

2 Versuchen Sie, den folgenden Mitgliedern der Familie Singer die Phasen der Assimilation zuzuordnen, die diese jeweils erreichen, und begründen Sie Ihre Entscheidung.

Mirjam	**Phase**	**Begründung**	
Jonas	**Phase**	**Begründung**	
Schemarjah	**Phase**	**Begründung**	
Deborah	**Phase**	**Begründung**	
Menuchim	**Phase**	**Begründung**	
Mendel	**Phase**	**Begründung**	

3 Diskutieren Sie, ob das Modell von Gordon dafür geeignet ist, die Assimilationsgrade der Figuren im Roman *Hiob* zu bestimmen.

3 Interpretationsansätze im Vergleich

Interpretationsansätze vergleichen und beurteilen M 30

Text 1 – Harald Hartung: „Ein epischer Gottesbeweis" (Auszug)

So liest sich der *Hiob*-Roman fast wie ein epischer Gottesbeweis. „Obwohl Mendel mit Gott böse war, herrschte Gott noch über der Welt", heißt es einmal. Und der so spricht, ist nicht der bekannte, allwissende, sondern eher ein verborgener Erzähler, fast so verborgen wie der Gott, den auch er zu suchen scheint. Im *Hiob* leidet auch er unter Trauer und Skepsis, denn der anschließende Satz lautet: „Der Haß konnte ihn ebensowenig fassen wie die Frömmigkeit."

Noch lapidarer hat sich der Autor selbst geäußert. „Mein Hiob findet ihn nicht", soll er gesagt haben. Und zwar so, „als spräche er von sich selbst". Das ist der Punkt. Hier ist die autobiographische Wahrheit buchstäblich zu fassen. Roth war Hiob – will sagen, er verwandelte sich in Mendel Singer, der sich mit Hiob vergleichen konnte. Auf diese Weise konnte Roth sein eigenes Leiden gestalten, ohne süchtig sein Ich und seine private Misere zu umkreisen.[1] Der Roman wird [...] zum Gerichtstag über sich selbst, zum Versuch, wirkliche oder angenommene Verschuldung abzubüßen. Das Wunder, das im Roman eintraf, ja eintreffen mußte, um ihm seine Wahrheit zu geben, blieb im Leben aus.

Aus: Harald Hartung, „Ein epischer Gottesbeweis". In: Romane von gestern – heute gelesen. 1918–1933. Hrsg. v. Marcel Reich-Ranicki, Frankfurt a. M.: Fischer 1989, S. 253–259, hier: S. 257 f.

1 Roths Frau leidet zum Zeitpunkt der Niederschrift des Romans an einer Geisteskrankheit, Roth befindet sich in finanziellen Schwierigkeiten und in Deutschland keimt zunehmend Antisemitismus auf.

Text 2 – Fritz Hackert: „Die Last von Getto-Mentalität" (Auszug)

Das puristische Einschwören auf bestimmte Kulturnormen erzeugt unweigerlich eine Verfassung angsterfüllter Befremdung gegenüber dem Abweichenden und Andersartigen. Und in diesem Punkt bringt Roth seine Kritik an der ost-jüdischen Ghetto-Mentalität vor, die im Schtetl-Teil des *Hiob* schon einsetzt, in New York die Verhaltensänderungen von Mendel bestimmt und sich dann konsequent im Romanschluß ausdrückt. [...]

Worauf es mit dem „frommen, gottesfürchtigen und gewöhnlichen [...] Juden" (3)[1] hinauslaufen soll, das zeigen versteckte Signale gleich zu Beginn. Auf Tradition und Konvention war seine Existenz gegründet: „Hunderttausende vor ihm hatten wie er gelebt und unterrichtet." (3) [...] In der Schlußszene des Romans verstößt Mendel gegen die orthodoxe Regel, den Kopf immer und überall bedeckt zu halten und „entblößte [...] aus freiem Willen sein Haupt" (134). Und wie das zu verstehen ist, wird vom Autor explizit ausgesprochen: „So grüßte Mendel Singer die Welt." (135)

Sein Hiobs-Schicksal ist ein Leidensweg zu irdischer Erlösung, zu der Erfahrung, daß zwischen Himmel und Erde Leben herrscht, von dessen Formen und Veränderungen man sich nicht abschotten sollte, weil sie nämlich auch Zukunft verheißen. Bezeichnend am Ende des Buches ist, daß der einschlafende Mendel mit der „blauen Heiterkeit des Himmels" (136) die lebendige Zukunft in seine Träume hinübernimmt, die Gesichter seiner Enkel und daneben die Hoffnung auf das Überleben des Sohnes Jonas und die Heilung der Tochter Mirjam.

Aus: Fr. Hackert, „Die Last von Getto-Mentalität". In: Interpretationen. Erzählungen des 20. Jahrhunderts. Reclam 2007, Bd. 1, S. 201–218, hier: S. 212 f.

1 Die in Klammer gesetzten Seitenangaben beziehen sich auf die zugrunde liegende Romanausgabe in Joseph Roth: *Werke*, Bd. 5: *Romane und Erzählungen*, 1930–1936, Köln/Amsterdam 1990.

1 Geben Sie die Thesen und Argumente der beiden Interpretationsansätze wieder, indem Sie die Texte auswerten und Ihre Ergebnisse in der Tabelle notieren.

Harald Hartung	Fritz Hackert

2 Nehmen Sie auf der Basis Ihrer Romankenntnisse Stellung zu den Einschätzungen.

Schritt für Schritt zur Klausur

Musterklausur 1:
Vergleichende Analyse von literarischen Texten

Joseph Roth: Hiob (Auszug)

Um die Ausreisepapiere zu beantragen, fährt Mendel zum Amt nach Dubno. Dort wartet er mit vielen anderen Menschen darauf, vor dem zuständigen Beamten vorzusprechen:

Manchmal rief ein Mann in blauer Uniform einen Namen aus. Alle Schläfer erwachten. Der Aufgerufene erhob sich, wankte einer Tür zu, rückte an seinem Anzug und trat durch eine der hohen, zweiflügeligen Türen, die statt einer Klinke einen runden, weißen Knopf hatte. Mendel überlegte, wie er diesen Knopf behandeln würde, um die Tür aufzumachen. Er stand auf, vom langen Sitzen, eingezwängt zwischen den Menschen, taten ihm die Glieder weh. Kaum aber hatte er sich erhoben, als ein blauer Mann auf ihn zutrat. „Sidaj!" rief der blaue Mann, „setz dich!" Mendel Singer fand keinen Platz mehr auf seiner Bank. Er blieb neben ihr stehen, drückte sich an die Wand und hatte den Wunsch, so flach zu werden wie die Mauer.

„Wartest du auf Nummer 84?" fragte der blaue Mann.

„Ja", sagte Mendel. Er war überzeugt, daß man jetzt gesonnen war, ihn endgültig hinauszuwerfen. Deborah wird noch einmal hierherfahren müssen. Fünfzig Kopeken und fünfzig Kopeken machen einen Rubel. Aber der blaue Mann hatte nicht die Absicht, Mendel aus dem Haus zu weisen. Dem blauen Mann lag vor allem daran, daß alle Wartenden ihre Plätze behielten und daß er alle übersehen konnte. Wenn einer schon aufstand, so konnte er auch eine Bombe werfen.

Anarchisten verkleiden sich manchmal, dachte der Türsteher. Und er winkte Mendel zu sich heran, betastete den Juden, fragte nach den Papieren. Und da alles in Ordnung war und Mendel keinen Platz mehr hatte, sagte der blaue Mann: „Paß auf! Siehst du die gläserne Tür? Die machst du auf. Dort ist Nummer 84."

„Was willst du hier?" schrie ein breitschultriger Mann hinter dem Schreibtisch. Genau unter dem Bild des Zaren saß der Beamte. Er bestand aus einem Schnurrbart, einem kahlen Kopf, Epauletten und Knöpfen. Er war wie eine schöne Büste hinter seinem breiten Tintenfaß aus Marmor. „Wer hat dir erlaubt, hier ohne weiteres einzutreten? Warum meldest du dich nicht an?" polterte eine Stimme aus der Büste. Mendel Singer verbeugte sich unterdessen tief. Auf solch einen Empfang war er nicht vorbereitet gewesen. Er beugte sich und ließ den Donner über seinen Rücken dahinstreichen, er wollte winzig werden, dem Erdboden gleich, wie wenn er von einem Gewitter auf freiem Felde überrascht worden wäre. Die Falten seines langen Rockes schlugen auseinander, und der Beamte sah ein Stück von Mendel Singers fadenscheiniger Hose und das abgeschabte Leder der Stiefelschäfte. Dieser Anblick machte den Beamten milder. „Tritt näher!" befahl er, und Mendel rückte näher, den Kopf vorgeschoben, als wollte er gegen den Schreibtisch vorstoßen. Erst als er sah, daß er sich schon dem Saum des Teppichs näherte, hob Mendel ein wenig den Kopf. Der Beamte lächelte.

„Her mit den Papieren!" sagte er.

Dann war es still. Man hörte eine Uhr ticken. Durch die Jalousien brach das goldene Licht eines späten Nachmittags. Die Papiere raschelten. Manchmal sann der Beamte eine Weile nach, blickte in die Luft und haschte plötzlich mit der Hand nach einer Fliege. Er hielt das winzige Tier in seiner riesigen Faust, öffnete sie vorsichtig, zupfte einen Flügel ab, dann den zweiten und sah noch ein bißchen zu, wie das verkrüppelte Insekt auf dem Schreibtisch weiterkroch.

„Das Gesuch?" fragte er plötzlich, „wo ist das Gesuch?"

„Ich kann nicht schreiben, Euer Hochwohlgeboren!" entschuldigte sich Mendel.

„Das weiß ich, du Tepp, daß du nicht schreiben kannst! Ich habe nicht nach deinem Schulzeugnis gefragt, sondern nach dem Gesuch. Und wozu haben wir einen Schreiber? Ha? Im Parterre? Auf Nummer 3? Ha? Wozu erhält der Staat einen Schreiber? Für dich, du Esel, weil du eben nicht schreiben kannst. Also geh auf Nummer 3. Schreib das Gesuch. Sag, ich schicke dich, damit du nicht zu warten brauchst und gleich behandelt wirst. Dann kommst du zu mir. Aber morgen! Und morgen nachmittag kannst du meinetwegen wegfahren!"

Noch einmal verneigte sich Mendel. Er ging rückwärts, er wagte nicht, dem Beamten den Rücken zu kehren, unendlich lang schien ihm der Weg vom Schreibtisch zur Tür. Er glaubte schon eine Stunde zu wandern. Endlich fühlte er die Nähe der Tür. Er wandte sich schnell um, ergriff den Knopf, drehte ihn zuerst links, dann rechts, dann machte er noch eine Verbeugung. Er stand endlich wieder im Korridor.

In Nummer 3 saß ein gewöhnlicher Beamter, ohne Epauletten. Es war eine dumpfe, niedrige Stube, viele Menschen umstanden den Tisch, der Schreiber schrieb und schrieb, die Feder stieß er jedesmal ungeduldig auf den Boden des Tintenbehälters. Er schrieb flink, aber er wurde nicht fertig. Immer kamen neue Menschen. Trotzdem hatte er noch Zeit, Mendel zu bemerken.

„Euer Hochwohlgeboren, der Herr von Nummer 84 schickt mich“, sagte Mendel.

„Komm her“, sagte der Schreiber.

Man machte Mendel Singer Platz.

„Einen Rubel für den Stempel!“ sagte der Schreiber. Mendel kramte einen Rubel aus seinem blauen Taschentuch. Es war ein harter, blanker Rubel. Der Schreiber nahm die Münze nicht, er erwartete noch mindestens fünfzig Kopeken. Mendel verstand nichts von den ziemlich deutlichen Wünschen des Schreibers.

Da wurde der Schreiber böse. „Sind das Papiere?“ sagte er. „Fetzen sind es! Die zerfallen einem ja in der Hand.“ Und er zerriß wie unabsichtlich eines der Dokumente, es zerfiel in zwei gleiche Teile, und der Beamte griff nach dem Gummiarabikum, um es zusammenzukleben. Mendel Singer zitterte.

Das Gummiarabikum war zu trocken, der Beamte spuckte in das Fläschchen, dann hauchte er es an. Aber es blieb trocken. Er hatte plötzlich einen Einfall, man sah ihm an, daß er plötzlich einen Einfall hatte. Er schloß eine Schublade auf, legte Mendel Singers Papiere hinein, schloß sie wieder zu, riß von einem Block einen kleinen, grünen Zettel, bestempelte ihn, gab ihn Mendel und sagte: „Weißt du was? Morgen früh um neun Uhr kommst du her! Da sind wir allein. Da können wir ruhig miteinander sprechen. Deine Papiere sind hier bei mir. Du holst sie morgen ab. Den Zettel zeigst du vor!“ (S. 75–79)

Franz Kafka: Der Schlag ans Hoftor

Es war im Sommer, ein heißer Tag. Ich kam auf dem Nachhauseweg mit meiner Schwester an einem Hoftor vorüber. Ich weiß nicht, schlug sie aus Mutwillen ans Tor oder aus Zerstreutheit oder drohte sie nur mit der Faust und schlug gar nicht. Hundert Schritte weiter an der nach links sich wendenden Landstraße begann das Dorf. Wir kannten es nicht, aber gleich nach dem ersten Haus kamen Leute hervor und winkten uns, freundschaftlich oder warnend, selbst erschrocken, gebückt vor Schrecken. Sie zeigten nach dem Hof, an dem wir vorübergekommen waren, und erinnerten uns an den Schlag ans Tor. Die Hofbesitzer werden uns verklagen, gleich werde die Untersuchung beginnen. Ich war sehr ruhig und beruhigte auch meine Schwester. Sie hatte den Schlag wahrscheinlich gar nicht getan, und hätte sie ihn getan, so wird deswegen nirgends auf der Welt ein Beweis geführt. Ich suchte das auch den Leuten um uns begreiflich zu machen, sie hörten mich an, enthielten sich aber eines Urteils. Später sagten sie, nicht nur meine Schwester, auch ich als Bruder werde angeklagt werden. Ich nickte lächelnd. Alle blickten wir zum Hofe zurück, wie man eine ferne Rauchwolke beobachtet und auf die Flamme wartet. Und wirklich, bald sahen wir Reiter ins weit offene Hoftor einreiten. Staub erhob sich, verhüllte alles, nur die Spitzen der hohen Lanzen blinkten. Und kaum war die Truppe im Hof verschwunden, schien sie gleich die Pferde gewendet zu haben und war auf dem Wege zu uns. Ich drängte meine Schwester fort, ich werde alles allein ins Reine bringen. Sie weigerte sich, mich allein zu lassen. Ich sagte, sie solle sich aber wenigstens umkleiden, um in einem besseren Kleid vor die Herren zu treten. Endlich folgte sie und machte sich auf den langen Weg nach Hause. Schon waren die Reiter bei uns, noch von den Pferden herab fragten sie nach meiner Schwester. Sie ist augenblicklich nicht hier, wurde ängstlich geantwortet, werde aber später kommen. Die Antwort wurde fast gleichgültig aufgenommen; wichtig schien vor allem, daß sie mich gefunden hatten. Es waren hauptsächlich zwei Herren, der Richter, ein junger, lebhafter Mann, und sein stiller Gehilfe, der Aßmann genannt wurde. Ich wurde aufgefordert in die Bauernstube einzutreten. Langsam, den Kopf wiegend, an den Hosenträgern rückend, setzte ich mich unter den scharfen Blicken der Herren in Gang. Noch glaubte ich fast, ein Wort werde genügen, um mich, den Städter, sogar noch unter Ehren, aus diesem Bauernvolk zu befreien. Aber als ich die Schwelle der Stube überschritten hatte, sagte der Richter, der vorgesprungen war und mich schon erwartete: „Dieser Mann tut mir leid.“ Es war aber über allem Zweifel, daß er damit nicht meinen gegenwärtigen Zustand meinte, sondern das, was mit mir geschehen würde. Die Stube sah einer Gefängniszelle ähnlicher als einer Bauernstube. Große Steinfliesen, dunkel, ganz kahle Wand, irgendwo eingemauert ein eiserner Ring, in der Mitte etwas, das halb Pritsche, halb Operationstisch war.

Könnte ich noch andere Luft schmecken als die des Gefängnisses? Das ist die große Frage oder vielmehr, sie wäre es, wenn ich noch Aussicht auf Entlassung hätte.

- Analysieren Sie den vorliegenden Romanausschnitt aus Roths *Hiob* unter besonderer Berücksichtigung des Umgangs der Amtszugehörigen mit Mendel Singer und dessen Verhalten.
- Deuten Sie die Darstellung der richterlichen Institution und den Umgang des Bruders mit dieser in Kafkas Parabel *Der Schlag ans Hoftor*. Vergleichen Sie die Darstellung des Gerichts mit derjenigen der Behörde in *Hiob*. Gehen Sie dabei auch jeweils auf das Verhalten des Bruders bzw. Mendels ein.

Schritt 1 Teilaufgabe 1 verstehen und eine Deutungshypothese verfassen

1 Notieren Sie, auf welche zwei Untersuchungsaspekte Sie sich konzentrieren sollen. Beachten Sie, dass Sie eine Aspektnennung im Arbeitsauftrag nicht von der Erarbeitung weiterführender Analyseergebnisse entbindet (bspw. Erzählsituation).

2 Formulieren Sie eine Deutungshypothese zum vorliegenden Romanauszug, die über die reine Wiedergabe des Inhalts hinausgeht.

Schritt 2 Die Textstelle analysieren

3 Führen Sie Textstellen an, die verdeutlichen, wie die Beamten mit Mendel Singer umgehen. Notieren Sie gegebenenfalls Auffälligkeiten bei den Verben des Sagens und in der Verwendung des Modus.

Türsteher	Beamter	Schreiber

4 Die Schilderung des Beamten durch den Erzähler als Mann, der „aus einem Schnurrbart, einem kahlen Kopf, Epauletten und Knöpfen“ (Z. 37 ff.) besteht, und der Vergleich mit einer Büste (vgl. Z. 39) lassen beim Leser den Eindruck entstehen, dass

- ☐ dieser humane Züge aufweist, da er Mendel später auch anlächelt.
- ☐ der Beamte anscheinend bereits in seiner Grundstimmung grimmig guckt.
- ☐ es sich um eine groteske Situation handelt.
- ☐ es sich um eine reine Wiedergabe der visuellen Erscheinung des Beamten handelt, die keine interpretatorische Bedeutung besitzt.

5 „Manchmal sann der Beamte eine Weile nach, blickte in die Luft und haschte plötzlich mit der Hand nach einer Fliege. Er hielt das winzige Tier in seiner riesigen Faust, öffnete sie vorsichtig, zupfte einen Flügel ab, dann den zweiten und sah noch ein bißchen zu, wie das verkrüppelte Insekt auf dem Schreibtisch weiterkroch.“ (Z. 62 ff.)

Erläutern Sie, welche Funktion diese Ausführungen des Erzählers in Bezug auf die Darstellung des Beamten haben.

6 Wie reagiert Mendel Singer auf das Verhalten des Türstehers und des Beamten?

Handlungen:

Gedanken / Wünsche:

7 Arbeiten Sie sprachliche Auffälligkeiten in der Darstellung der Wünsche Mendels durch den Erzähler heraus und machen Sie Angaben zu deren Funktion/Wirkung.

Sprachliche Auffälligkeiten	Funktion/Wirkung

Schritt 3 Die Aufgabenstellung klären (2. Teilaufgabe)

8 Geben Sie stichpunktartig wieder, was bei dieser Teilaufgabe von Ihnen verlangt wird.

Schritt 4 Die Erzählsituation erkennen und Unterschiede benennen

9 Kreuzen Sie an, welche Erzählsituation (ES) beim Erzähler der Parabel vorliegt und welche Konsequenzen aus der ES resultieren.

- ☐ Auktoriale ES
- ☐ Personale ES
- ☐ Ich-ES
- ☐ Erzähler gehört zu den Figuren
- ☐ Erzähler gehört nicht zu den Figuren
- ☐ Erzähler verwendet Reflektorfigur
- ☐ Innenperspektive an Sichtweise der Erzählerfigur gebunden
- ☐ Figur erzählt nicht, nur Einblick in das Bewusstsein der Figur

10 Notieren Sie den auf der Ebene der Erzählsituation zentralen Unterschied zwischen Kafkas Parabel und dem Romanausschnitt aus *Hiob*.

Schritt 5 Handlungsmotive des Bruders nachvollziehen

11 Die Erzählerfigur ist nach der Ankündigung, dass es eine Anklage wegen des Schlags an das Hoftor geben werde, „sehr ruhig" (Z. 14 f.). Der Bruder argumentiert rational, dass wegen eines Schlags an ein Hoftor „nirgends auf der Welt ein Beweis geführt" (Z. 17 f.) werden würde. Selbst die Möglichkeit seiner eigenen Anklage nimmt er „lächelnd" (Z. 22) hin. Kurz darauf berichtet die Erzählerfigur: „Ich drängte meine Schwester fort, ich werde alles allein ins Reine bringen." (Z. 30 ff.) Erläutern Sie, wieso der Bruder seine Schwester trotz seiner vorherigen Unbesorgtheit vom Schauplatz entfernt wissen möchte.

Schritt 6 Kafkas Darstellung der richterlichen Institution untersuchen

12 „Die Antwort [‚dass die Schwester nicht hier sei,] wurde fast gleichgültig aufgenommen; wichtig schien vor allem, daß sie mich gefunden hatten. Es waren hauptsächlich zwei Herren, der Richter, ein junger, lebhafter Mann, und sein stiller Gehilfe, der Aßmann genannt wurde.“ (Z. 40 ff.)

Verbinden Sie Zitate und Kurzerläuterungen, sodass das Zitat jeweils als Beleg dient. Notieren Sie anschließend einen erläuternden Satz und binden Sie die Zitate ein.

❶ „fast gleichgültig“

❷ „daß sie mich gefunden hatten“

❸ „ein junger, lebhafter Mann“

a) die Darstellung kontrastiert zu den Assoziationen, die man mit einem Richter verbindet

b) es geht offenbar nicht darum, den wahren Täter zu ermitteln

c) seltsamerweise scheinen der Richter und sein Gehilfe genau den Bruder gesucht zu haben

13 Inwiefern drücken der Kommentar zum Ausspruch des Richters und die Beschreibung der Bauernstube eine Verunsicherung der Erzählerfigur aus?

14 Tragen Sie in dem unten stehenden Diagramm zwei Graphen ein: Der eine bezeichnet den Grad der bedrohlichen Darstellung der richterlichen Institution, der andere verweist auf das Sicherheitsgefühl der Erzählerfigur. Tragen Sie auf der x-Achse konkrete Stationen der Handlung ein.

15 „Könnte ich noch andere Luft schmecken als die des Gefängnisses? Das ist die große Frage oder vielmehr, sie wäre es, wenn ich noch Aussichten auf Entlassung hätte.“ (Z. 61 ff.)

Untersuchen Sie die sprachlichen Auffälligkeiten des Zitats und erläutern Sie, inwiefern die Erzählerfigur ihre Verurteilung antizipiert. Achten Sie insbesondere auf die Kategorien Modus und Tempus.

Schritt 7 Die beiden Texte aspektorientiert vergleichen

16 Machen Sie sich Notizen zu folgenden Aspekten:

Aspekte	*Hiob*	*Der Schlag ans Hoftor*
Beschreibung der Räumlichkeit der richterlichen Institution		
Größe des Gerichts- bzw. Amtsapparats		
Verhalten des Amtspersonals		
Berechenbarkeit der Vorgänge		
Verhalten des Bittstellers bzw. des Angeklagten		

Schritt 8 Die vollständige Analyse und den Vergleich ausformulieren

17 Verfassen Sie die vollständige Analyse.

Musterklausur 2:
Analyse eines literarischen Textes mit weiterführendem Schreibauftrag

Joseph Roth: Hiob (Romanende)

Der Motor summte hell, im Winde wehte Mendels Bart. Er schwieg. „Willst du wissen, wohin wir fahren, Vater?" fragte der Sohn. „Nein!" antwortete Mendel. „Ich will nichts wissen! Wohin du fährst, ist es gut."

Und sie gelangten in eine Welt, wo der weiche Sand gelb war, das weite Meer blau und alle Häuser weiß. Auf der Terrasse vor einem dieser Häuser, an einem kleinen weißen Tischen, saß Mendel Singer. Er schlürfte seinen goldbraunen Tee. Auf seinen gebeugten Rücken schien die erste warme Sonne dieses Jahres. Die Amseln hüpften dicht an ihn heran. Ihre Schwestern flöteten indessen vor der Terrasse. Die Wellen des Meeres plätscherten mit sanftem regelmäßigem Schlag an den Strand. Am blaßblauen Himmel standen ein paar weiße Wölkchen. Unter diesem Himmel war es Mendel leicht, zu glauben, daß Jonas sich einmal wieder einfinden würde und Mirjam heimkehren „schöner als alle Frauen der Welt", zitierte er im Stillen. Er selbst, Mendel Singer, wird nach späten Jahren in den Tod eingehen, umringt von vielen Enkeln und „satt am Leben" wie es im „Hiob" geschrieben stand. [...]

Und eine Möwe stieß, wie ein silbernes Geschoß des Himmels, unter das Zeltdach der Terrasse. Mendel beobachtete ihren jähen Flug und die schattenhafte weiße Spur, die sie in der blauen Luft hinterließ.

Da sagte der Sohn: „Nächste Woche fahre ich nach San Franzisko. Auf der Rückkehr spielen wir noch zehn Tage in Chicago. Ich denke, Vater, daß wir in vier Wochen nach Europa fahren können!"

„Mirjam?"

„Heute noch werde ich sie sehen, mit Ärzten sprechen. Alles wird gut werden, Vater. Vielleicht nehmen wir sie mit. Vielleicht wird sie in Europa gesund!"

Sie kehrten ins Hotel zurück. Mendel ging ins Zimmer seines Sohnes. Er war müde.

„Leg' dich auf das Sofa, schlaf' ein wenig" – sagte der Sohn. „In zwei Stunden bin ich wieder hier!"

Mendel legte sich gehorsam. Er wußte, wohin sein Sohn ging. Zur Schwester ging er. Er war ein wunderbarer Mensch, der Segen ruhte auf ihm, gesund würde er Mirjam machen.

Mendel erblickte eine große Photographie in rostbraunem Rahmen auf dem kleinen Spiegeltisch.

„Gib mir das Bild!" bat er.

Er betrachtete es lange. Er sah die junge blonde Frau in einem hellen Kleid, hell wie der Tag, in einem Garten saß sie, durch den der Wind spazieren ging und die Sträucher am Rande der Beete bewegte. Zwei Kinder, ein Mädchen und ein Knabe, standen neben einem kleinen eselbespannten Wagen, wie sie in manchen Gärten als spielerisches Vehikel gebraucht werden.

„Gott segne sie!" – sagte Mendel.

Der Sohn ging. Der Vater blieb auf dem Sofa, die Photographie legte er sachte neben sich. Sein müdes Auge schweifte durchs Zimmer zum Fenster. Von seinem tiefgelagerten Sofa aus konnte er einen vielgezackten wolkenlosen Ausschnitt des Himmels sehn. Er nahm noch einmal das Bild vor. Da war seine Schwiegertochter, Menuchims Frau, da waren die Enkel, Menuchims Kinder. Betrachtete er das Mädchen genauer, glaubte er ein Kinderbild Deborahs zu sehn. Tot war Deborah, mit fremden, jenseitigen Augen erlebte sie vielleicht das Wunder. Dankbar erinnerte sich Mendel an ihre junge Wärme, die er einst gekostet hatte, ihre roten Wangen, ihre halboffenen Augen, die im Dunkel der Liebesnächte geleuchtet hatten, schmale lockende Lichter. Tote Deborah!

Er stand auf, schob einen Sessel an das Sofa, stellte das Bild auf den Sessel und legte sich wieder hin. Während sie sich langsam schlossen, nahmen seine Augen die ganze blaue Heiterkeit des Himmels in den Schlaf hinüber und die Gesichter der neuen Kinder. Neben ihnen tauchten aus dem braunen Hintergrund des Porträts Jonas und Mirjam auf. Mendel schlief ein. Und er ruhte aus von der Schwere des Glücks und der Größe der Wunder.

(S. 186ff.)

- Analysieren Sie das Ende des Romans *Hiob* unter besonderer Berücksichtigung der Funktion der sprachlichen und erzählperspektivischen Ausgestaltung.
- In der Frankfurter Zeitung vom 31. 3. 1929 legt Joseph Roth dar, dass sein Satz: „Es handelt sich nicht mehr darum, ‚zu dichten'. Das wichtigste ist das Beobachtete" (aus dem Vorwort zu seinem Roman *Flucht ohne Ende*), missverstanden worden sei. Mit dem Ruf „nach dem Dokumentarischen" sei „durchaus *nicht* die berühmte ‚Neue Sachlichkeit' gemeint [...], die das Dokumentarische mit dem Kunstlosen verwechseln möchte" (Joseph Roth, „Es lebe der Dichter!", in: *Joseph Roth. Werke*, hrsg. v. Hermann Kesten, Bd. 4, S. 223–225, hier: S. 224).

  Erläutern Sie auf der Grundlage Ihrer Kenntnisse zu Joseph Roths Aufsatz *Schluß mit der Neuen Sachlichkeit!,* welche Kritik Roth an dieser literarischen Strömung übt und welche literaturtheoretische Position er vertritt. Beurteilen Sie anschließend, inwiefern die Umsetzung der theoretischen Position im vorliegenden Textausschnitt stattgefunden hat, indem Sie unter anderem auf Ihre Ergebnisse aus der Analyse zurückgreifen.

Mendel bleibt allein im Hotelzimmer seines Sohnes Menuchim zurück und denkt über die „Größe der Wunder" nach. Szenenbild aus einer Aufführung am Wiener Volkstheater (2010).